Richard Fletcher · Ein Elefant für Karl den Großen

Richard Fletcher

Ein Elefant für Karl den Großen

Christen und Muslime im Mittelalter

Aus dem Englischen von
Dirk Oetzmann

PRIMUS
VERLAG

Die englische Originalausgabe erschien 2002 bei
Penguin Books Ltd. unter dem Titel *The Cross and the
Crescent. Christianity and Islam from Muhammad
to the Reformation*
© Richard Fletcher, 2002
The moral rights of the author have been asserted.

Die Deutsche Bibliothek verzeichnet diese Publikation in
der Deutschen Nationalbibliografie; detaillierte
bibliografische Daten sind im Internet über
http://dnb.ddb.de abrufbar.

© der deutschen Ausgabe 2005 by Primus Verlag,
Darmstadt
Die Herausgabe des Werkes wurde durch die
Vereinsmitglieder der WBG ermöglicht.
Gedruckt auf säurefreiem und alterungsbeständigem
Papier
Umschlaggestaltung: Jutta Schneider, Frankfurt a. M.
Titelbild: Die Krönung Karls des Großen durch Leo III.
(Rom, 25. Dez. 800) und Empfang der Geschenke des
Perserkönigs Aaron und des sarazenischen Emirs
Abraham. – Buchmalerei, niederländisches Burgund,
Mitte 15. Jh. Aus: *Les Grandes Chroniques de France.*
Auf Pergament, 46,5 x 32,5 cm. Erm.fr.88, fol.120 v
Foto: akg-images, Berlin
Redaktion und Produktion: AMS Autoren- und
Medienservice, Leute bei Freiburg i. Br.
Printed in Germany

www.primusverlag.de

ISBN 3-89678-267-3

Inhalt

Für Emma Clark

„Die Geschichte, sagte Stephen, ist ein Albtraum,
aus dem ich zu erwachen versuche ...
Doch was, wenn dieser Albtraum dir einen Tritt versetzte?"

James Joyce, *Ulysses*

Vorwort

Die Idee zu diesem Buch entstand während eines Gesprächs im Oktober 1998. Es wurde im Juni 2000 in Auftrag gegeben, in den folgenden Monaten konzipiert und von Mai bis Dezember 2001 geschrieben. Die Veröffentlichung verzögerte sich jedoch aus technischen Gründen. Die Arbeit soll einen Überblick über die lange und komplizierte Geschichte eines komplexen und kontroversen Beziehungsgeflechts vermitteln, das die Weltgeschichte und die Entwicklung vieler Völker und Kulturen maßgeblich beeinflusst hat. Nicht mehr, aber auch nicht weniger.

Die Anfänge dieses Buchs gehen noch deutlich weiter zurück, als die oben genannten Daten vermuten lassen. Ich habe an der Universität von York, wo ich bis vor kurzem eine Professur innehatte, jahrelang Seminare gehalten, die sich mit verschiedenen Aspekten der Beziehung zwischen Christentum und Islam beschäftigten. Allerdings machte ich schon während meiner eigenen Studienzeit eine prägende Erfahrung, die mein Interesse an der Begegnung dieser beiden Kulturen weckte. 1963 unternahm ich mit einigen Freunden eine längere Urlaubsreise durch Spanien und besichtigte voller Bewunderung erstmals die Moschee von Córdoba und die Alhambra in Granada. Ich kehrte zurück von dem Wunsch erfüllt, mehr über die Kultur zu erfahren, die solche Wunderwerke geschaffen hatte. Im darauf folgenden Semester nahm ich an einigen informellen Diskussionsrunden zum Thema „Christentum und Islam im Mittelalter" teil.

Geleitet wurden die Diskussionen von Richard Southern (damals Professor für mittelalterliche Geschichte), Samuel Stern und Richard Walzer. Gelegentlich gesellten sich auch Albert Hourani und/oder Lorenzo Minio-Paluello dazu. Allein die Anwesenheit dieser herausragenden Wissenschaftler machte uns damals zu Privilegierten.

Ich kann nicht für die anderen Teilnehmer sprechen, aber als unreifer 19-Jähriger hatte ich zu jener Zeit keine Vorstellung davon, wie glücklich ich mich schätzen konnte, ihren klugen, tiefgründigen und inspirierenden Überlegungen folgen zu dürfen. Die Diskussionen fanden im All Souls College statt, im Büro von Dr. Stern, wenn ich mich recht erinnere. Da es nicht genügend Stühle gab, saßen wir auf dem Boden praktisch zu Füßen der Professoren und hörten ihnen zu, stellten ab und zu eine Frage oder warfen eine eigene Überlegung ein. Ich habe die vergilbten Seiten mit den hingekritzelten Notizen, die sich im Lauf jenes Semesters angesammelt haben, bis heute aufgehoben, als Erinnerung an eine der wertvollsten pädagogischen Erfahrungen meines Lebens.

Ich möchte Craig Taylor danken, der mir beim Kauf und der Einrichtung eines Computers behilflich war und mich auf Honorat Bouvet aufmerksam machte (siehe fünftes Kapitel). Außerdem danke ich meiner viel beschäftigten Verwandten Emma Clark (der dieses Buch gewidmet ist) dafür, dass sie sich die Zeit genommen hat, das gesamte Manuskript zu lesen und aus muslimischer Perspektive zu kommentieren. Ich habe ihre konstruktive Kritik im Text vielfach umgesetzt. Mein Dank gilt ferner meinem Lektor Stuart Proffitt.

Alle Daten im Buch beziehen sich auf den Gregorianischen Kalender; auch wenn es viele Bücher gibt, in denen die islamische Hedschra-Zählung der christlichen gegenüber gestellt wird. Ich verweise auch auf die Zeitleiste, die Bibliografie und die Anmerkungen im Anhang.

Während ich dieses Buch schrieb, bedauerte ich häufiger, den jüdischen Glauben als dritte (aber älteste) monotheistische Religion des Mittelalters nicht einbinden zu können, deren Entwicklung doch so eng mit den anderen beiden verknüpft ist. Das allerdings hätte Umfang und Charakter des Buches zu stark verändert.

Nunnington, York, Juni 2002
Richard Fletcher

I
Ismaels Kinder

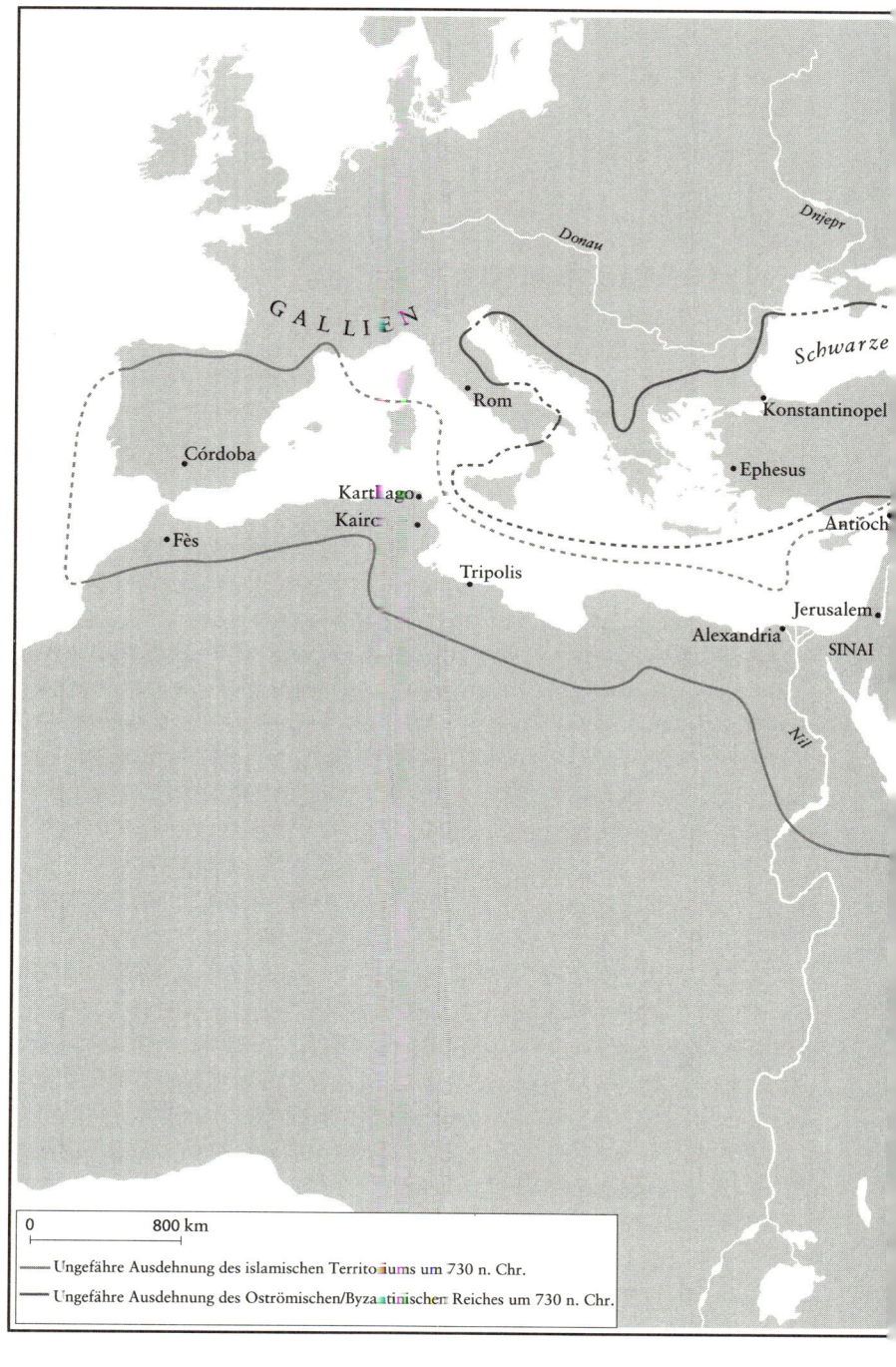

GALLIEN

Donau

Dnjepr

Schwarze

Rom

Konstantinopel

Córdoba

Ephesus

Karthago

Antioch

Kairo

Fès

Tripolis

Jerusalem

Alexandria

SINAI

Nil

| 0 | 800 km |

───── Ungefähre Ausdehnung des islamischen Territoriums um 730 n. Chr.

───── Ungefähre Ausdehnung des Oströmischen/Byzantinischen Reiches um 730 n. Chr.

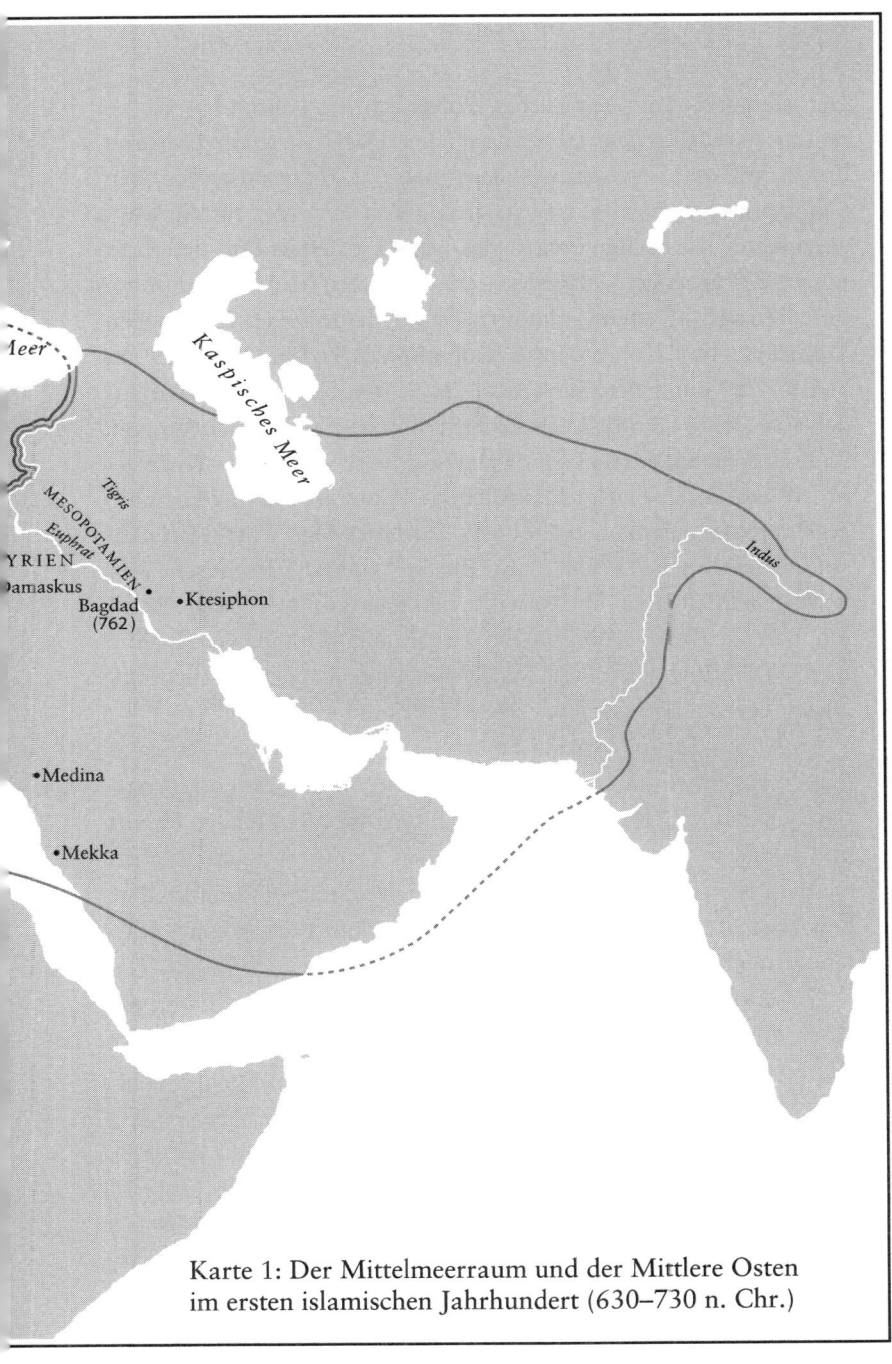

Karte 1: Der Mittelmeerraum und der Mittlere Osten
im ersten islamischen Jahrhundert (630–730 n. Chr.)

Der Islam kennt nur eine einzige heilige Schrift, während im Christentum viele Schriften eine Rolle spielen. Die Diskrepanz zwischen diesen auf einen beziehungsweise mehrere Texte ausgerichteten Glaubensrichtungen hat weit reichende Konsequenzen für die Weltgeschichte. Die heilige Schrift des Islam ist der Koran, den Gott (durch den Erzengel Gabriel) seinem Propheten Mohammed offenbart hat und der dann, glaubt man der orthodoxen islamischen Tradition, rund 20 Jahre nach Mohammeds Tod (632 n. Chr.) um 650 n. Chr. unter der Herrschaft des dritten Kalifen Othman aus den vor allem mündlich überlieferten Versen zusammengetragen und schriftlich niedergelegt, das heißt in seine endgültige Form gebracht wurde. Die vielen christlichen Texte findet man gemeinhin gesammelt in einem einzigen Buch, der Bibel. Das Wort Bibel geht auf das griechische *tà biblia* („die Bücher") und das lateinische *bibliotheca* zurück, also „Bibliothek", und nichts anderes ist die Bibel. Ein Bereich dieser „Bibliothek" behandelt Mythen, Geschichte, Recht, Dichtung, Soziologie und Weissagungen aus dem Judentum. Dieser Bereich umfasst etwa das Alte Testament.

Im Neuen Testament sind die frühesten Schriften des Christentums verzeichnet: fünf geschichtliche Bücher (Evangelien und Apostelgeschichte), 21 briefliche Lehrschriften, die dem heiligen Paulus und anderen Aposteln des apostolischen Zeitalters zugeschrieben werden, sowie eine apokalyptische Prophezeiung des unmittelbar bevorstehenden Weltendes und der Wiederkunft des Messias (Offenbarung des Johannes).

Diese vielen und unterschiedlichen christlichen Schriften, vor allem die Briefe und Erzählungen über die Lehre Jesu und seiner frühesten Anhänger, haben dazu geführt, dass die Geschichte des Christentums von Anfang an von Diskussionen, Auseinandersetzungen und Meinungsverschiedenheiten geprägt war. In gewisser Hinsicht ist die Geschichte des Christentums bestimmt von der Entstehung verschiedener Strömungen und Glaubensrichtungen sowie vom Auseinanderbrechen und der Neubildung einzelner Gruppierungen. In den ersten Jahrhunderten des Christentums führten vor allem die Lehren der Dreifaltigkeit und der Menschwerdung Gottes zu hitzigen und intensiven Diskussionen. Gott ist der Eine, aber er ist auch dreifaltig, nämlich Vater, Sohn und Heiliger Geist. Was genau soll das heißen? In welcher Beziehung stehen die drei Wesen der Dreifaltigkeit? Was bedeutet „Sohn Gottes"? Wie kann Gott sein eigener Sohn sein? In welcher Hinsicht war Jesus ebenso sehr Mensch wie Gott?

Diese und ähnliche komplexe und undurchsichtige Fragen haben im 3., 4. und 5. Jahrhundert des Christentums die klügsten Köpfe beschäftigt und werden heute noch diskutiert. Die Antworten darauf waren theologische Definitionen von größter – und für den Laien kaum verständlicher – Subtilität. Sie wurden von den einen akzeptiert, von anderen aber abgelehnt.

Im islamischen Glaubenssystem sind solche theologischen Spitzfindigkeiten der Auslegung unvorstellbar. Der Koran gilt als ewig und unerschaffen: Das Buch selbst ist die Offenbarung des Willens Gottes – Mohammed wird nicht als „Urheber" des Koran, sondern lediglich als Sprachrohr Gottes aufgefasst. Der Koran ist also „mit Gott gleichewiges Wort"; Wortlaut und Inhalt sind unabänderlich und dürfen nicht kritisch hinterfragt werden. Das bedeutet natürlich nicht, dass es im Islam keine Streitfragen und Auseinandersetzungen gegeben hat, aber sie waren von anderer Art. Innerhalb von nur einer Generation nach dem Tod des Propheten hatte man sich über die Autoritätsverhältnisse innerhalb der islamischen Gemeinschaft derartig zerstritten, dass es zur Spaltung in Sunniten und Schiiten kam, die bis heute nicht überwunden werden konnte. Der Begriff „Schiiten" ist vom arabischen Wort *shi'at* abgeleitet, was Partei oder Fraktion Alis bedeutet. Ali war sowohl Cousin als auch Schwiegersohn des Propheten. Die Schiiten lehnen den Autoritätsanspruch der ersten drei Mohammed nachfolgenden Kalifen ab; eine Ablehnung, die die frühe islamische Gemeinschaft schließlich in einen Bürgerkrieg führte. Die Sunniten dagegen achten und verehren die frühen Kalifen und schreiben Ali und seinen Nachkommen keinen besonderen Status zu. Heute sind etwa 90 Prozent der Muslime Sunniten, die restlichen 10 Prozent bestehen aus verschiedenen schiitischen Sekten.

Die Entwicklung eines islamischen Rechtssystems aus dem Koran sowie den Sammlungen der Schrifttradition („Hadith"; Mohammed zugeschriebene Aussagen und Richtlinien zu den unterschiedlichsten Fragen der muslimischen Lebenspraxis) erforderte Interpretation, und so entstanden im Lauf der Zeit verschiedene Schulen des islamischen Rechts. Je nach Lesart der heiligen Texte kam es zu unterschiedlichen Schlussfolgerungen bezüglich der Frage, welche Verhaltensweisen den Gläubigen angemessen seien. Einzelne Heilige suchten neue Wege des Zugangs zu Gott, etwa durch Askese, Mystik oder Gemeinschaftsaktivitäten, und ihre Nachkommen gründeten einzelne Sekten oder Gruppierungen.

Heilige Männer und – häufiger, als man gemeinhin glaubt – Frauen können innerhalb des *Dar al-Islam* (wörtlich „Heim des Friedens", die Länder, in denen der islamische Glaube verbreitet ist und die islamische Rechtssprechung gilt) als Lehrer, geistige Führer oder Rechtsgelehrte verehrt werden. Es gab jedoch keine Priester im christlichen Sinn. Priesterschaft ist dem Islam unbekannt. Ebenso unmöglich, ja undenkbar ist eine Kirche im Sinne einer religiösen Institution mit eigener Organisation, eigenen Bräuchen, eigenem Personal und eigener Finanzierung, die neben der säkularen Welt besteht. Die Autorität innerhalb des Islam ist unteilbar; es gibt keine Trennung zwischen geistlich und weltlich.

Im christlichen Glauben besteht dagegen eine Trennung von „Staat", „Welt" und „Gesellschaft" auf der einen und „Kirche" auf der anderen Seite. Die Unterschiede mögen groß oder klein sein, die Beziehungen gut oder schlecht, aber die Trennung ist vorhanden und damit auch das Potenzial für Spannungen und Konflikte.

Diese grundlegenden Unterschiede zwischen Islam und Christentum erschweren das gegenseitige Verständnis und einen harmonischen Dialog. Der strenge Monotheismus des Islam ist mit der christlichen Lehre der Dreifaltigkeit unvereinbar. Ist ein Gott, der sich quasi „aufteilen" kann, der sich in einen Menschen, eine Taube oder ein Lamm verwandelt, denn etwas anderes als eine Form der Vielgötterei oder Götzenverehrung, die im Koran mehrfach entschieden abgelehnt werden? Christliche Sekten werden von Muslimen traditionell nicht akzeptiert. Eine Spannungslinie zwischen Kirche und Staat (oder Gesellschaft), die es im Christentum, aber nicht im Islam geben kann, führt zu vollkommen unterschiedlichen Denkweisen über Autorität und Organisation der Gemeinschaft der Gläubigen – und damit letztlich auch über Politik.

Als Mohammed zu Beginn des 7. Jahrhunderts seine ersten Offenbarungen erhielt, war das Christentum seit etwa 200 Jahren per Gesetz die Staatsreligion im Römischen Reich, der Supermacht am Mittelmeer. Das bedeutet nicht, dass römische Autorität und christlicher Glaube quasi deckungsgleich waren. Es bedeutet auch nicht, dass das Christentum auf das Römische Reich beschränkt war. Zu Mohammeds Lebzeiten hatte es die Grenzen des Römischen Reiches schon längst überwunden, christliche Exklaven bestanden bereits von Irland bis Äthiopien, von Marokko bis Georgien.

Sowohl in kultureller als auch in zahlenmäßiger Hinsicht war die Ausbreitung nach Osten besonders ausgeprägt. Das Christentum blühte vor allem in Mesopotamien – grob: dem heutigen Irak – , der politisch gesehen im Einzugsbereich der anderen Supermacht der Spätantike lag, dem Persischen Reich. Die „Kirche des Ostens", wie sie von Kirchenhistorikern genannt wird – obwohl der Plural „Kirchen" wahrscheinlich zutreffender wäre –, schickte Missionare damals bereits bis nach Indien und China.

Innerhalb des Römischen Reiches bestand eine kulturelle Spaltung zwischen Ost und West. Der Osten – griechischsprachig, wohlhabender, urbanisierter, mit einigen der größten Städte der Antike (Alexandria, Antiochia, Ephesus und dem neuen Konstantinopel) –

war stärker christianisiert. Im Westen – lateinischsprachig, ärmer, ländlicher, mit Provinzen, die nun unter der Kontrolle germanischer Könige standen, die erste Nachfolgestaaten im auseinander brechenden westlichen Imperium des 5. Jahrhunderts gegründet hatten – konnte der christliche Glaube nur langsam Fuß fassen in der ländlichen Bevölkerung, die davon bisher kaum gehört hatte. Die Auseinandersetzung um Fragen der theologischen Auslegung wurde auf einer Reihe von Kirchenkonzilen ausgetragen und kulminierte schließlich im Jahr 451 im Konzil von Chalcedon bei Konstantinopel, wo sich rund 600 Bischöfe zusammenfanden. Allerdings war die dort verabschiedete Definition von Orthodoxie nicht nur für die Kirchen des Ostens, die jenseits der Reichsgrenzen lagen und deshalb Disziplinierungen kaum zugänglich waren, inakzeptabel, sondern auch für eine feste Koalition christlicher Kirchen innerhalb des Reichs, die zur Zustimmung gezwungen werden konnten und wurden. Die Monophysiten glaubten, dass Christus, der menschgewordene Sohn Gottes, nicht zwei Naturen (menschliche und göttliche) besaß, sondern nur die eine (göttliche) des Fleisch gewordenen Logos. Die theologischen Details dieser christologischen Auffassung, des so genannten Monophysitismus, sind hier nicht von Interesse. Es mag reichen anzumerken, dass die Monophysiten in großer Zahl über die östlichen Provinzen des Römischen Reiches von Armenien über Syrien und Palästina bis nach Ägypten verstreut waren.

Vom späten 5. bis zum frühen 7. Jahrhundert wurden die Monophysiten im Römischen Reich immer wieder (teilweise intensiv) verfolgt, und zwar auf Anordnung der orthodoxen Kirchenleitung in Konstantinopel.

Die Araber waren eine Gruppe halbnomadischer Wandervölker mit gemeinsamer Sprache und Kultur, die entlang der Grenzen der beiden großen Mächte am Rand der syrischen Wüste und verstreut in den bewohnbaren Gebieten der Arabischen Halbinsel lebten. (Zur Klarstellung: Die römische Provinz „Arabien" war ein kleines Gebiet zwischen dem Jordantal und der Wüste im Osten. Paulus bezog sich in der Beschreibung seines Aufenthalts „in Arabien" – Galater 1, 17 – nicht auf das heutige Saudi-Arabien)

Die Araber unterhielten zu ihren mächtigen Nachbarn die unterschiedlichsten Beziehungen: Sie ließen sich als Söldner werben, handelten Gewürze, Kamele oder Sklaven mit Syrien oder Mesopotamien; oder sie wurden als Kriegsgefangene deportiert. Viele von ihnen blieben mehr oder weniger freiwillig in den Ländern, in die sie kamen; manche stiegen in ihrer neuen Heimat sogar in hohe Ämter auf, wie wir noch sehen werden. Auch in entgegengesetzter Richtung gab es Bewegung, denn die Grenzen der beiden Reiche waren durchlässig.

Einwanderer aus Rom und Persien ließen sich unter den Arabern nieder, darunter Juden und Christen, die vor der Verfolgung in ihrem Heimatland geflohen waren. Zur Zeit Mohammeds gab es eine Reihe von jüdischen und christlichen Gemeinden auf arabischem Gebiet, die ihren Glauben und ihre Rituale an die syrischen Araber weitergaben, die sich vom Monotheismus des Römischen Reiches angezogen fühlten.

Seit dem 4. Jahrhundert fanden sich Gemeinden gebürtiger arabischer Christen in Syrien, wenn auch noch nicht auf der arabischen Halbinsel. Die Kirchengemeinden wuchsen während des 5. und 6. Jahrhunderts beständig und entwickelten ihre ganz eigene, christlich-arabische Kultur. Mohammed war aus geschäftlichen Gründen selbst nach Syrien gereist, und mehrere Passagen des Korans verweisen darauf, dass er sowohl mit dem Judentum als auch mit dem Christentum vertraut war.

Die Bevölkerung des Persischen und auch des Römischen Reiches teilten die Ablehnung gegenüber den Arabern, die Sesshafte so häufig gegenüber Nomaden empfinden. Die Feindschaft zwischen Hirten und Bauern, zwischen Fahrenden und Sesshaften geht bis auf Kain und Abel zurück. Die Meinung des Ammianus Marcellinus, des letzten der großen römischen Historiker der Antike gegen Ende des 4. Jahrhunderts, kann dafür als Beispiel gelten. Er sah in den Arabern ein zerstörerisches Volk, das sich wie ein Raubtier auf alles stürzte, dessen es nabhaft werden konnte. Auch ihre Gewohnheiten, ihre Sitten und Bräuche waren verschieden: Im Sinne heutiger kultureller Stereotypisierung grenzte er die Araber als das unvereinbare Andere aus.

Niemand nimmt je einen Pflug zur Hand oder erntet die Früchte eines Baums, niemand bebaut den Boden, doch sie ziehen entlang ferner Routen ohne eigenes Heim, ohne feste Häuser und Gesetze ... Sie wandern so weit, dass eine Frau an einem Ort heiratet, an einem zweiten ein Kind gebiert und es an einem weit entfernten Ort aufzieht ... Ohne Kenntnis von Getreide und Wein ernähren sie sich von wilden Tieren, Milch und unterschiedlichen Pflanzen.[1]

Christliche Schreiber wie Ammianus' Zeitgenosse, der heilige Hieronymus, der von 386 bis 420 in Bethlehem in direkter Nachbarschaft zu den Arabern lebte, stimmten ihm zu. Und diese christlichen Autoritäten „wussten", was von den Sarazenen zu halten war: Es stand alles in der Bibelpassage über Ismael, dessen Geburt und Schicksal in Genesis 16 beschrieben werden. Ismael sei „ein Wildeselmensch, seine Hand wird gegen alle sein und die Hand aller gegen ihn, und er wird unabhängig vor seinen Brüdern wohnen". Der Gelehrte Isidor von Sevilla, ein Zeitgenosse Mohammeds, fasste den christlichen Konsens zusammen:

Die Sarazenen leben in der Wüste. Man nennt sie auch Ismaeliten, wie das Buch Genesis lehrt, da sie von Ismael (dem Sohn des Abraham) abstammen. Man nennt sie auch Hagarenen, da sie von Hagar (Abrahams Nebenfrau, Ismaels Mutter) abstammen. Sie selbst bezeichnen sich, wie wir bereits erwähnt haben, auf widernatürliche Weise ebenfalls als Sarazenen, denn sie behaupten fälschlich, von Sara (Abrahams legitimer Ehefrau) abzustammen.[2]

Auf diese Weise konnten die Araber wegen ihrer dunklen Herkunft, oder wie man heute sagen würde, ihrer Ethnizität, ihrer Volkszugehörigkeit, sowie wegen ihrer Bräuche, die die zivilisierte Welt als unangenehm empfand, als Feinde ausgegrenzt werden. Und die Bibel gab ihnen auch noch Recht. Das Wort Gottes hatte die Araber augenscheinlich auf ewig zu Außenseitern erklärt.

Ein gefährliches, zwielichtiges Volk, aber nützlich, solange man es unter Kontrolle hatte. Die oströmische Regierung richtete im (monophysitisch) christlichen Stammeszusammenschluss der arabischen Ghassaniden (der Name geht auf den Ahnherrn Ghassan zurück) eine Art Pufferstaat ein, dessen Einfluss sich an der Ostgrenze des Reiches vom Euphrat bis zum Sinai erstreckte. Als Gegenleistung für Subventionen, kleine Anerkennungen und einige Annehmlichkeiten verteidigten die Ghassaniden im 6. Jahrhundert erfolgreich die Grenze.

Aber dann ging irgendetwas schief, was genau, ist unklar. Vielleicht wurden die Ghassaniden zu unabhängig. Vielleicht leiteten Bürokraten in Konstantinopel Sparmaßnahmen ein. Auf jeden Fall wurde die finanzielle Unterstützung für die Ghassaniden gestrichen. Daraufhin brachen diese die Beziehungen ab. Die römische Ostgrenze lag plötzlich ungeschützt vor dem persischen Erzfeind. Der folgende, ruinöse Krieg zwischen dem Persischen und dem Römischen Reich dauerte von 603 bis 629 und endete in einer Pattsituation. Der Bruch mit den Ghassaniden führte außerdem zum Ausfall des „Nachrichtendienstes". Die Ghassaniden hatten Rom stets über die Entwicklungen in der arabischen Welt informiert, doch zu Beginn des 7. Jahrhunderts verlor Konstantinopel vollständig den Kontakt zu dem, was im fernen Süden in Mekka und Medina vor sich ging.

Nach kanonischer Darstellung des frühen Islam erhielt Mohammed die göttlichen Offenbarungen, die im Koran niedergelegt sind, im Jahr 610. Zwei Jahre später begann er, den Menschen in Mekka zu predigen, und 622 musste er aufgrund des Widerstands nach

Medina fliehen. Dieses letzte Ereignis markiert die *Hidjrah* oder *Hedschra* (wörtlich: „Migration") und damit den Beginn der islamischen Zeitrechnung. Die militärischen Erfolge, die Mohammed mithilfe der Ansar, seiner Verbündeten in Medina, errang, ermöglichten ihm im Jahr 630 die Eroberung Mekkas. Zum Zeitpunkt seines Todes, der auf das Jahr 632 datiert wird, hatte sich angeblich die Mehrheit der Araber im westlichen Bereich der Arabischen Halbinsel Mohammed und seiner *Umma*, der „Gemeinschaft der Gläubigen", angeschlossen und den Idealen des Islam, also dem Willen Allahs unterworfen. Diese traditionelle Version ist allerdings nicht ganz unproblematisch, denn objektiv gesehen ist den Quellen nur sehr wenig Verlässliches über das Leben und den Glauben des Propheten zu entnehmen, und Mohammed hat höchstwahrscheinlich nicht daran gedacht, „eine neue Religion zu gründen".

Dieser Satz hätte für ihn wenig Sinn gemacht. Er war vom einzigen wahren Gott als Überbringer der göttlichen Offenbarungen, die zum Teil früheren Propheten wie Abraham, Moses und Jesus zugeschrieben werden, auserwählt worden, um die Araber der Arabischen Halbinsel von ihrem Polytheismus und ihrer Götzenverehrung abzubringen. Im Grunde war der Überbringer der Lehren ein Mahner:

... der Koran ist eine Ermahnung,
und wer nun will, denkt an ihn,
auf ehrwürdigen Blättern,
erhaben und lautern,
von den Händen edler und frommer Schreiber.[3]
Koran 80, 11–15 (Sure 80, Vers 11–15)

Der Überbringer der Offenbarung soll die Menschen vor allem an das bevorstehende, großartige und furchtbare Gericht Gottes erinnern:

Die ungläubig sind, sagen: Uns kommt die Stunde nicht. Sprich: Ja, bei meinem Herrn, sie kommt euch gewisslich. Er ist Wisser des Verborgenen; nicht entrückt ist ihm das Gewicht eines Stäubchens in den Himmeln und auf Erden, und nichts Geringeres und nichts Größeres als dies, das nicht im deutlichen Buch wäre.[4]
Koran 34, 3

Wer sich unterwarf – und darauf bezieht sich der Begriff „Muslim" –, musste sein Leben neu ausrichten. Es galt, fünf Grundregeln zu befolgen, die auch „die fünf Säulen des Islam" genannt werden: das Glaubensbekenntnis zu Gott, das tägliche, fünfmalige rituelle Gebet, das Fasten im Monat Ramadan, die Almosengabe für die Armen und die Wallfahrt nach Mekka mit den dazugehörigen Ritualen. Gebote und Verbote wie der Verzicht auf den Genuss von Wein bildeten den Rahmen, in dem der Gläubige sein rechtschaffenes Leben einrichten sollte. Ein großer Bereich der traditionellen arabischen Ethik wurde auch in dem neuen Glaubenssystem beibehalten, zum Beispiel eheliche Treue, das Gebet bei der Kaaba in Mekka oder die Gastfreundschaft gegenüber Fremden. Aber es gab auch wichtige Neuerungen. Mohammed brachte eine Botschaft des Friedens. Die *Umma* war eine Gemeinschaft, die größer war als ein Stamm, und sie forderte eine größere Loyalität als die gegenüber den eigenen Verwandten ein. Ein Muslim soll niemals gegen einen Muslimen kämpfen. Damit war die Rückkehr zu Plünderungen und Blutrache unter den Stämmen, die in der prä-islamischen arabischen Welt an der Tagesordnung waren, unmöglich. Stattdessen muss ein Muslim den Dschihad praktizieren, ein häufig falsch übersetzter Begriff, der eigentlich „Bemühen", „Einsatz für Gott" bedeutet, um Ungläubige vom Weg des Islam zu überzeugen. Dieses Bemühen sollte friedfertig sein. Es kann darin bestehen, ein beispielhaft frommes Leben zu führen, zu lehren und zu predigen; doch es kann auch bestimmend und sogar gewalttätig sein, wenn die Ungläubigen sich als widerwillig erweisen.

Nach Mohammeds Tod – vielleicht sogar schon früher – begannen muslimische Heere, in die besiedelten Gebiete des östlichen Mittelmeerraums einzufallen. Man kann dies als Plünderungen bezeichnen, die zwischen arabischen Stämmen an der Tagesordnung waren, nun aber durch den Codex der *Umma* verboten waren und sich deshalb gegen Außenstehende richteten. Von einem anderen, unter Wissenschaftlern kontrovers diskutierten Standpunkt aus kann man diese Feldzüge aber auch als Versuch deuten, alle Araber unter der *Umma* zu vereinen, um diese in der heiligen Stadt Jerusalem zu etablieren und dort das unmittelbar bevorstehende Weltende abzuwarten.

Welcher Art die Motive auch waren, die folgenden Ereignisse sind bekannt und dokumentiert. Innerhalb von 20 Jahren nach Mohammeds Tod hatten die Muslime einen großen Teil des Römischen Weltreiches und ganz Persien erobert. Der Mittlere Osten hatte sich grundlegend verändert. Wie es dazu kam, ist schnell erzählt.

Nach willkürlichen Plünderungen in Syrien und Palästina eroberten die Muslime im Jahr 635 die Stadt Damaskus. Im Jahr darauf erzielten sie in der Schlacht am Fluss Jarmuk einen entscheidenden Sieg gegen die römische Befreiungsarmee. Danach lagen ihnen Syrien und Palästina zu Füßen. 638 kapitulierte Jerusalem, 640 Cäsarea. Der Feldzug im Osten war ebenso von einem vollständigen Sieg der Muslime gekrönt, als 637 Ktesiphon, die Hauptstadt des Persischen Reiches, eingenommen wurde. Der letzte persische Herrscher der Sassanidendynastie zog sich nach Nordosten hinter das Kaspische Meer ins Exil zurück, von wo er bis zu seinem Tod im Jahr 651 immer schwächer werdende Angriffe initiierte. Die muslimischen Heere hatten sich bereits Ende 639 den unermesslich reichen Provinzen Ägyptens zugewandt. Hier vollzog sich dasselbe Muster von Plünderungen, siegreichen Schlachten und Eroberungen von Städten: Die römischen Heere wurden 640 im Feld besiegt, und Alexandria fiel 642, wodurch sechseinhalb Jahrhunderte römischer Herrschaft zu Ende gingen. Man drang weiter nach Westen vor: Tripolis wurde 643 unterworfen. Danach verlangsamte sich der Vormarsch nach Westen merklich, einerseits wegen der muslimischen Spaltung in Sunniten und Schiiten und andererseits, weil die Muslime im Maghreb (Nordwest-Afrika) auf erbitterten Widerstand der eingeborenen Berbervölker stießen. Im Jahr 670 gründeten die arabischen Muslime nahe des tunesischen Kairouan eine neue Garnisonsstadt, die als Basis für weitere Feldzüge nach Westen diente. Diese Feldzüge konnten durchaus lange dauern und groß angelegt sein. Dabei gelangte man 681 bis an die Küste von Marokko, wo die Araber staunend erstmals den Atlantik erblickten – allerdings gerieten sie auf dem Rückweg in einen Hinterhalt der Berber, und ihr Oberbefehlshaber wurde getötet.

Der letzte bedeutende Stützpunkt des Römischen Reiches, Karthago, fiel den Eroberern 698 in die Hände. Damit war jeder römische Einfluss aus Nordafrika verschwunden. Nun war Europa das Ziel. Zu Beginn des 8. Jahrhunderts setzten die ersten Einheiten über die Straße von Gibraltar, im Jahr 711 kam es dann zu einer großen militärischen Offensive in Spanien. In einer entscheidenden Schlacht, von der man bis heute nicht genau weiß, wo sie stattfand, wurde der spanische König Rodrigo besiegt und getötet, kurz darauf besetzten die Muslime seine Hauptstadt Toledo. Im Jahr 718 befand sich bereits die gesamte Iberische Halbinsel in der Gewalt der neuen Machthaber, während zeitgleich muslimische Heere im Osten Konstantinopel, die Hauptstadt des Reiches, belagerten. Kurz darauf sandten die Invasoren erste Einheiten über die Pyrenäen in das südliche Gallien. Wo sollten die Eroberungen enden?

Das Tempo, in dem die islamischen Feldzüge vor allem in den 30er- und 40er-Jahren des 7. Jahrhunderts voranschritten, hat Historiker seit jeher erstaunt und beeindruckt. Das Römische wie das Persische Reich waren kriegsmüde und finanziell ausgeblutet. Möglicherweise war der gesamte Mittelmeerraum überaltert und litt unter einer schweren wirtschaftlichen Rezession, deren Ursache die im 6. Jahrhundert immer wieder ausbrechende Beulenpest war. Die

Araber besaßen fähige Generäle, im Wüstenkampf erprobte Krieger, eine unerschütterliche Disziplin und den unschätzbaren Vorteil der Flexibilität gegenüber den Feinden, die an Schlachtenführung nach starren Regeln gewöhnt waren. Den Syrern und Palästinensern, die schwer unter dem Konflikt zwischen Römern und Persern gelitten hatten, erschienen die Heere muslimischer Araber wie die Nachfolger der Ghassaniden, die vielleicht zu einer Schutzmacht und einem Bündnispartner werden konnten und deshalb umsichtig und zuvorkommend behandelt werden sollten.

Für die verfolgten monophysitischen Christen in Syrien und Ägypten waren die Muslime Befreier, und dasselbe galt für die verfolgten Juden in Spanien.

Trotz all dieser Gegebenheiten bleibt der ursprüngliche Anstoß für die muslimische Expansion schwer fassbar. Die Zeitgenossen zeigten sich allerdings weniger überrascht. Der Patriarch Sophronius von Jerusalem – er handelte 638 die Übergabe der Stadt an die Muslime aus – erklärte die Invasion Palästinas als Strafe Gottes für die Sünden der Christen. Die Vorstellung, dass die Muslime Instrumente des göttlichen Zorns waren, sollte sich sehr lange halten. Ebenso verhielt es sich mit der Vorstellung, dass Mohammed ein Mann des Blutes und seine Anhänger von grenzenloser Gewalttätigkeit wären. Das erste schriftliche Zeugnis stammt aus der *Doctrina Jacobi nuper baptizati* (Die Unterrichtung Jakobs des neu Getauften), einem polemischen, anti-jüdischen Traktat in Dialogform, das wahrscheinlich zur Zeit der Kapitulation Jerusalems in Palästina verfasst wurde. An einer Stelle spricht darin „Abraham", ein Jude aus Palästina, die folgenden Worte:

Ein falscher Prophet ist bei den Sarazenen aufgetaucht ... Man sagt, er sei mit den Sarazenen gekommen und kündige die Ankunft des Auserwählten an. Ich, Abraham, wandte mich in dieser Angelegenheit an einen alten Mann, der in den Schriften wohl bewandert ist. Ich fragte ihn: „Was hältst du, Meister und Lehrer, von dem Propheten, der unter den Sarazenen weilt?" Er stöhnte wütend auf und erwiderte: „Er ist ein Hochstapler. Reisen Propheten denn mit Schwert und Streitwagen? Sicher sind die derzeitigen Geschehnisse das Werk des Chaos ... Doch gehe hin, Meister Abraham, und erkundige dich über den erschienenen Propheten." Also, stellte ich, Abraham, Nachforschungen an, und die, die ihn getroffen hatten, sagten: „In jenem so genannten Propheten steckt keine Wahrheit, sondern nur Blutschande; denn er sagt, er habe den Schlüssel zum Paradies, was unglaubwürdig ist."[5]

Bemerkenswert ist hier die Tendenz, den Islam aus biblischer Perspektive (Auserwählter, Schlüssel) zu interpretieren und in Anlehnung an die christliche Orthodoxie von einem falschen Propheten zu sprechen. So wie Isidor von Sevilla (und viele spätere Autoren) die Araber als Nachkömmlinge Ismaels sahen, konnte man Mohammed als christlichen Häretiker bezeichnen.

Der Islam entstand zu einer Zeit, als sich das intellektuelle Leben der Christen innerhalb der römischen Welt fast ausschließlich auf die Bibel und ihre Auslegung konzentrierte. Während der drei vorangegangenen Jahrhunderte war allmählich die säkulare Lehre der Antike mit ihren wissenschaftlichen Studien von der dominanten Kultur der Christenheit verdrängt worden, die inzwischen eine eher kirchliche Färbung angenommen hatte. Dadurch wurde die christliche Reaktion auf den Islam entscheidend beeinflusst. Dass der Islam tatsächlich eine „neue Religion" sein könnte, war im direkten Wortsinn undenkbar: So etwas konnte es überhaupt nicht geben. Man kann eine „neue Religion" nur dann als solche anerkennen, wenn man die Vorstellung von einem religiösen Pluralismus verinnerlicht hat, dass die Menschheit also vielen verschiedenen Religionen Platz bietet (was wir heute für selbstverständlich halten). Zur Zeit von Isidor und Sophronius verhielten sich die Dinge jedoch völlig anders. Erst mehrere Jahrhunderte später tauchten die ersten Anzeichen eines Religionspluralismus in der christlichen Welt auf (siehe viertes Kapitel). Bis dahin war die Welt einfach. Es gab nur einen Glauben, nämlich den christlichen. Natürlich wusste

man von Völkern, die nicht oder noch nicht christlich waren, aber
das tat dem Glaubensverständnis keinen Abbruch. Die Juden hatten den christlichen Glauben abgelehnt und würden für diese furchtbare Sünde eines Tages die Konsequenzen tragen müssen.

Heiden gab es überall, von den zoroastrischen Persern bis zu den
Bauernvölkern im Hinterland des Mittelmeeres, die noch immer
den Frühling und die Bäume anbeteten; aber die Bibel, Gottes Wort,
verhieß, dass sie alle eines Tages unter dem Mantel des Christentums vereint würden. Wer blieb also übrig? Offenkundig diejenigen, die von der christlichen Lehre abwichen, die bewusst einen
anderen Weg gewählt hatten, die Häretiker. (Das griechische Wort
heresis bedeutet ursprünglich „Wahl".)

Mohammed und seine Anhänger galten ganz einfach als eine
weitere Gruppe theologischer Abweichler, die sich in entscheidenden Fragen auf einem Irrweg befanden, ähnlich wie die Monophysiten und andere. (Letztlich können wir nur im Rückblick behaupten, dass die Kontroverse um die Dreieinigkeit im Jahr 451
mit den Begriffsbestimmungen des Konzils von Chalcedon beendet wurde.) Vieles, woran die Muslime glaubten, war dem Christentum durchaus nahe. Sie glaubten an nur einen Gott. Sie verehrten Patriarchen, Propheten und Könige des Alten Testaments – Abraham, Isaak, Jakob, Moses, Elias, David, Salomon. Sie achteten
die Jungfrau Maria, der tatsächlich auch eine Sure (Nr. 19) des Korans gewidmet ist. Jesus und seine Lehre werden im Koran mehrfach respektvoll erwähnt. Wie die Christen beteten und fasteten die
Muslime, gaben Almosen und machten Wallfahrten. Aber sie wider-
sprachen der Dreieinigkeit, der Menschwerdung Gottes in Jesus
und der Auferstehung; ihre heilige Schrift war wie ein Abklatsch
der Bibel, sie huldigten einem Pseudo-Propheten; sie führten Krieg
gegen Christen; und sie hatten deren heilige Stätten entweiht.

Diese frühen Reaktionen auf den Islam verbreiteten sich bis in
die hintersten Winkel christlich geprägter Gebiete. Kaum jemand
stand dem Islam so fern wie Beda (Beda Venerabilis, 672–735),

Mönch, Theologe und Historiker, der sich intensiv mit der Ausbreitung des Christentums im angelsächsischen Raum befasste. Er lebte, arbeitete und starb im Kloster von Jarrow in Northumbria.

Dennoch glaubte er alles zu wissen, was man über die Sarazenen wissen musste. In einem Bibelkommentar aus dem Jahr 716 beschrieb er sie als „Feinde der Kirche". Vier Jahre später kommentierte er den Verweis auf Ismael in Genesis 16, zitierte den heiligen Hieronymus und fuhr fort:

Aber nun ist „seine Hand gegen alle und aller Hände gegen ihn" so weit gekommen, dass sie ganz Afrika dominieren und unterdrücken. Mit ihrer abstoßenden Feindseligkeit haben sie den Großteil Asiens und sogar Teile Europas unterworfen.[6]

In seiner 731 fertig gestellten *Historia ecclesiastica gentis Anglorum* (Kirchengeschichte des angelsächsischen Volkes) schrieb Beda über „die furchtbare Sarazenen-Plage"[7], die das südliche Gallien heimsuchte. Auch einige Engländer waren von der Präsenz der Sarazenen direkt betroffen. Etwa zu dieser Zeit schrieb Bonifatius, der große angelsächsische Missionar in Deutschland, an eine befreundete Nonne in England und riet ihr, ihre bevorstehende Wallfahrt nach Rom wegen der „Plünderungen und Tumulte und der Bedrohung durch die Sarazenen, die es in letzter Zeit gegeben hat"[8], zu verschieben.

Die anfänglichen Reaktionen der Christen auf den Islam bestanden also darin, ihn im Rahmen biblischer Exegese und orthodoxer Theologie zu erklären und ihm äußerst feindlich gegenüberzustehen. Es ist deutlich schwieriger, die ersten islamischen Reaktionen auf das Christentum einzuschätzen. Wie bereits erwähnt, waren die prä-islamischen Araber mit dem jüdischen und dem christlichen Glauben, den beiden großen monotheistischen Religionen Westasiens und des Mittelmeerraums, sehr wohl vertraut. Einige Historiker vermuten, dass kulturelle Veränderungen im materiellen und sittlichen Bereich die Araber für den Wechsel vom Poly- zum Monotheismus vorbereiteten, und beziehen sich dabei auf an- thropologische Studien, die auf der Beobachtung religiösen Wan- dels im modernen Afrika basieren.

Aufgrund der schwachen Beweislage ist diese Theorie jedoch nicht zu belegen. Viele syrische Araber waren bereits vor der Zeit Mohammeds zum Monotheismus des christlichen Glaubens kon- vertiert. In diesem Kontext taucht erstmals die Frage auf, ob man hier bereits mit Vorbehalt von einer politischen Ordnung sprechen kann. Religiöser Glaube bedeutete viel mehr als nur eine Konfes- sionszugehörigkeit. Es war eine Entscheidung mit Konsequenzen. Den Glauben an eine höhere Macht zu akzeptieren bedeutete ge- wissermaßen, sich einer dominanten Kultur zu unterwerfen. Der christliche Glaube war um das Jahr 600 untrennbar mit der ost- römischen Ordnung und Autorität verbunden. Der Islam bot den Arabern einen eigenen Monotheismus mit heiligen Schriften in ihrer Sprache, heiligen Stätten in ihrem Land und die Möglichkeit, ihre Lebensführung und Ausübung des Glaubens selbst zu bestimmen.

Im Koran steht geschrieben, dass der Muslim die *Ahl al-Kitab*, die „Völker der Schriftreligionen", also Juden und Christen, respek- tieren soll:

Bestreitet die Schriftleute nur mit dem, was geziemend, die ausgenommen, die unter ihnen freveln, und saget: Wir glauben an das, was uns geoffen- bart ist und euch geoffenbart ist.[9]
Koran 29, 45

In der frühesten Biografie über Mohammed findet sich eine Ge- schichte, in der ein christlicher Mönch namens Bahira in dem noch jungen Mann den Propheten erkannte. In den islamischen Schrif- ten wird das Christentum also mit durchaus höflichen Worten er- wähnt.

Die Praxis sah zumeist jedoch anders aus. Der Patriarch Sophronius beklagte die Zerstörung christlicher Kirchen und Klöster
während der muslimischen Invasion Palästinas. Solche Dinge geschehen in Kriegszeiten. Aus den überlieferten Kapitulationsverträ-
gen geht jedoch hervor, dass die Heerführer den Regeln des Korans
folgen wollten. Christen und Juden wurde die freie Ausübung ihrer Religion erlaubt, wenn auch unter gewissen Bedingungen. Die
Ahl ad-dhimmah (Singular: *Dhimmi*) oder „geschützten Völker"
mussten eine jährliche Steuer bezahlen. Außerdem mussten sie sich
durch Tragen einer bestimmten Schleife oder eines Gürtels, des *Zun-
nar*, zu erkennen geben. Sie durften keine neuen Kirchen oder Synagogen bauen, und sie durften keine auffälligen religiösen Bräuche
ausüben, also etwa Glocken läuten oder öffentliche Gesänge an-
stimmen. Es war ihnen nicht erlaubt, militärische Ausrüstung zu
besitzen. Sexuelle Beziehungen zwischen *Dhimmi*-Männern und
muslimischen Frauen waren verboten, als noch schlimmer galt jedoch Respektlosigkeit gegenüber dem Islam und der Versuch, einen Muslim von einem anderen Glauben zu überzeugen.

Das Bestreben der islamischen Führung, mit der christlichen
Bevölkerung eroberter Länder freundlichen Umgang zu pflegen,
hatte vorrangig praktische Gründe. Die eroberten Völker waren
den Eroberern zahlenmäßig weit überlegen, und außerdem besaßen nur Christen das administrative know-how, das für Verwaltung und Regierung vonnöten war. Denken wir daran, dass die
Araber damals mit einer „Regierung" so gut wie nicht vertraut
waren und beim Eindringen in die oströmischen Provinzen eine ihnen unbekannte, in hohem Maße institutionalisierte Welt betraten.
Die übergeordnete Struktur des Imperiums basierte auf einem
Steuersystem, auf Beamten und exakten Aufzeichnungen. Die
muslimischen Eroberer versuchten nicht, sich dieses System anzueignen. Wie konnten sie auch? Sie besaßen weder ausreichend Personal noch hatten sie die entsprechenden Fähigkeiten, benötigten
jedoch die Einnahmen.

Also blieb in den eroberten Provinzen fast alles wie gewohnt. Nur die Regierung hatte gewechselt. Das früh-islamische Kalifat – und das arabische Wort *Khalifa* bedeutet schlicht „Nachfolger" (des Propheten) –, das von 661 bis 750 in Damaskus bestand, war praktisch gesehen nichts anderes als ein Nachfolgestaat des Römischen Reiches.

Eine lebendige Darstellung dieses Umstands findet sich in einer Erzählung über die Reisen und Schwierigkeiten einer Gruppe englischer Pilger, die im Jahr 723 ins Heilige Land reisten. Anführer der Gruppe war ein Mann namens Willibald, der aus dem angelsächsischen Königreich Wessex stammte und später Bischof in Eichstätt wurde, wo er in hohem Alter seine Memoiren diktierte. Als die Pilger von Zypern aus das Meer überquert hatten und in Syrien gelandet waren, wurden sie als Spione verhaftet und eingesperrt. Willibald erzählt die Geschichte so:

Und noch während sie im Gefängnis schmachteten, kam ein Mann aus Spanien herein, sprach mit ihnen innerhalb der Gefängnismauern und erkundigte sich vorsichtig nach ihrer Nationalität und ihrem Heimatland ... Der Spanier hatte einen Bruder am königlichen Hof, der dort als Haushofmeister des Sarazenen-Königs [das heißt des Kalifen] arbeitete. Und als der Gouverneur, der sie ins Gefängnis geworfen hatte, zum Gericht kam, versammelten sich sowohl der Spanier, der mit ihnen im Gefängnis gesprochen hatte, und der Kapitän des Schiffes, auf dem sie von Zypern herübergekommen waren, vor dem Sarazenen-König, dessen Name Emir al-Mummenin war [möglicherweise ist *Omaijad* gemeint, der Familienname der damaligen Kalifendynastie]. Der Spanier erzählte seinem Bruder alles, was er über sie erfahren hatte, und er bat seinen Bruder, diese Informationen dem König mitzuteilen, damit er ihnen helfe. Als die drei also vor dem König standen und ihm ihre Sache in allen Einzelheiten vortrugen, fragte der König sie, woher sie kämen. Sie antworteten: „Diese Männer kommen aus dem Westen, wo die Sonne untergeht; wir wissen nichts von ihrem Land, außer dass dahinter nur noch Wasser ist." Darauf sprach der

König zu ihnen: „Warum sollen wir sie strafen? Sie haben uns nichts getan. Lasst sie ihres Weges ziehen."[10]

Das Interessante an dieser kleinen Anekdote ist, dass ein Spanier,
vermutlich ein Christ, innerhalb von nur fünf Jahren nach der erfolgreichen Eroberung seines Heimatlandes eine hohe, verantwor-
tungsvolle Position am Hof des Kalifen auf der anderen Seite des
Mittelmeers eingenommen hatte. Gerne wüsste man mehr über die
Geschichte dieses Mannes. Die Herrscher des islamischen Staates
konnten fähige Verwaltungsbeamte wie ihn gut gebrauchen.

Glücklicherweise lässt sich ein Teil der Geschichte dieser wahren
Dynastie von Verwaltern nachvollziehen. Ein Mann namens Mansur
überwachte zur Regierungszeit des Kaisers Heraclius (610–641) in
Damaskus die Besteuerung der syrischen Provinzen. Sein Name,
Mansur, ist arabisch und bedeutet „siegreich". Offenbar gehörte
er zu einer der christlich-arabischen Gemeinschaften, die sich im
Reich niedergelassen hatten. Er nahm im Verwaltungsapparat des
östlichen Reiches eine der höchsten und wichtigsten Positionen ein.
Mansur hatte einen Sohn, Sergius, der wie sein Vater Finanzbeamter wurde. Allerdings diente er nicht mehr dem christlichen Eroberer Konstantinopels, sondern dem muslimischen Kalifen in seiner
Heimatstadt, die wie gesagt 635 in die Hände der Araber gefallen
war. Auch Sergius hatte einen Sohn, der nach seinem Vater Mansur benannt wurde und der Familientradition gemäß ebenfalls in
den öffentlichen Dienst eintrat. Danach allerdings kam es zu einem Bruch. In der Mitte seines Lebens entdeckte der jüngere Mansur seine religiöse Berufung, er gab seine weltliche Karriere auf und
wurde Mönch im berühmten Kloster von Mar Saba, das im 5. Jahrhundert im Niemandsland zwischen Jerusalem und dem Toten Meer
gegründet worden war und noch heute besteht.

Er nahm den Namen Johannes an und ging als Johannes von
Damaskus in die Kirchengeschichte ein. (Nach ihrer Freilassung besuchten Willibald und seine Gefährten Mar Saba auf ihrer Reise zu

den heiligen Stätten, nur wenige Jahre nach Johannes' Eintritt in das Kloster. Es ist durchaus möglich, dass die beiden sich begegnet sind.)

Johannes schrieb zahlreiche Predigten, Hymnen (von denen einige in der Übersetzung von J. M. Neale heute noch in der englischsprachigen Welt gesungen werden) sowie exegetische und andere theologische Schriften. Außerdem war er der erste christliche Schreiber, der sich ausführlich und systematisch mit dem Islam beschäftigte. Von ihm stammt der *Dialog zwischen einem Sarazenen und einem Christen*. Am Ende seines Lebens um 745 verfasste er sein dogmatisches Hauptwerk *Quelle der Erkenntnis*, in dem er sich gegen Häresien wandte und das auch einen Artikel über den „Aberglauben der Ismaeliten" enthält.

In dem *Dialog* stellt ein Muslim einem Christen bohrende Fragen über Dinge wie das Wesen Christi, die Schöpfung, den freien Willen usw. Der Christ antwortet so geschickt, dass, und mit diesen Worten endet das Werk, „der Sarazene überrascht und verwirrt seines Weges ging, ohne noch etwas zu sagen zu haben".[11] Es handelt sich um eine Art Textbuch für Diskussionen, wenn es auch schwer fällt, sich eine Situation vorzustellen, in der es tatsächlich hätte verwendet werden können.

Interessanter ist der Artikel über den Aberglauben der Ismaeliten in *Quelle der Erkenntnis*, denn er enthält Fragen, die in der christlichen, anti-islamischen Kontroverse später immer wieder auftauchen. Johannes erläuterte zunächst die biblische Herkunft der Ismaeliten. Danach prangerte er Mohammed als falschen Propheten an, der seine Lehren dem Alten und Neuen Testament sowie den Schriften eines christlichen Mönchs und Häretikers (nämlich Bahira) entnommen habe.

Mohammed hätte „einige lächerliche Theorien in seinem Buch[12] niedergeschrieben", die ihm angeblich vom Himmel gesandt worden waren. Im Weiteren spottet Johannes über einzelne islamische Regeln und Praktiken und erzählt mehrere unflätige Geschichten über Mohammed. Im Rahmen seiner Spöttelei zitiert Johannes längere, ausgewählte Stellen aus dem Koran. Offensichtlich hatte er in Mar Saba, wo er schrieb, zumindest zu einzelnen Abschnitten Zugang. Es wäre interessant, zu erfahren, wie er sich diesen Zugang verschafft hatte.

Die Familiengeschichte von Johannes von Damaskus eröffnet interessante Einblicke in das Spektrum christlicher Reaktionen auf die Neuankömmlinge. Über drei Generationen hinweg kontrollierten hoch gestellte Beamte arabischer Herkunft die Besteuerung Syriens im Auftrag des Herrschers in Konstantinopel und des Kalifen in Damaskus, was darauf hinweist, dass der islamische Nachfolgestaat für sie ebenso legitim und gesetzmäßig war wie sein Vorgänger. Ein Bürokrat hat die Aufgabe, das System zu stützen. Als Christ verspottete und verunglimpfte Johannes in seinen Schriften seine früheren Arbeitgeber, doch anti-islamische Polemik machte in Johannes' schriftlichem Werk nur einen Bruchteil aus. Solche Ansichten waren jedoch weit verbreitet. Johannes' *Quelle der Erkenntnis* war nicht nur zum Eigengebrauch im Kloster von St. Saba gedacht. Das Werk war einem alten Freund gewidmet, Bischof Cosmas von Maiuma, dem Hafen von Gaza, einer Stadt, deren christliche Gemeinschaft voller Stolz und Trauer des Martyriums einer römischen Garnison in der Hand muslimischer Eroberer gedachte, das sich 100 Jahre zuvor zugetragen hatte.

Wenn Johannes das neue Glaubenssystem so verachtete, warum ging er dann nicht, wie viele andere, den Weg ins freiwillige Exil an einen sicheren Ort innerhalb der noch verbliebenen Gebiete des Römischen Reiches?

In dieser Geschichte gibt es noch eine weitere Wendung. Etwa zu der Zeit, als Johannes seine Berufung empfing, hatten die Herrscher in Konstantinopel eine sehr umstrittene Politik der Bilderstürmerei eingeschlagen und ließen religiöse Bildnisse zerstören. Johannes war ein vehementer und eloquenter Verteidiger des Wertes von Bildnissen – in Fresken, Mosaiken und Skulpturen – für den christlichen Glauben. Dort, wo er lebte, war er vor der Verfolgung der imperialen Staatsgewalt sicher. Wäre er in das Reich zurückgekehrt, hätte er mindestens seine Sicherheit, vielleicht sogar sein Leben verloren. So aber konnten die römischen Behörden ihn nur aus der Ferne angreifen:

Schande über Mansur, einen Mann üblen Namens und Sympathisant der Sarazenen! Schande über Mansur, den Bilderverehrer und Lügenschreiber! Schande über Mansur, der Christus befleckt und das Imperium verraten hat![13]

So sprachen die Bischöfe im Jahr 754 auf der bilderstürmerisch geprägten Kirchenversammlung in Konstantinopel, kurz vor Johannes' Tod.

Ähnlich doppelsinnige Aussagen wurden auch im westlichsten Herrschaftsgebiet des Islam, der Iberischen Halbinsel, laut, wenn diese auch nicht ganz so gut dokumentiert sind. Die wichtigste Informationsquelle für die Zeit der Eroberungen ist eine Annalensammlung mit dem Titel *Chronik von 754* (da in diesem Jahr der letzte Eintrag hinzugefügt wurde). Der anonyme Autor schrieb auf Latein und war möglicherweise ein Kleriker aus Toledo, der Hauptstadt von Kirche und Staat unter den westgotischen Königen, die Spanien als einen der am stärksten romanisierten Nachfolgestaaten des westlichen Imperiums regierten.

Er beschrieb auf bewegende Weise, wie die Eroberung und ihre Folgen das Leben in der Generation nach der Invasion in den Jahren 711–712 durcheinander brachten. Genau wie die Familie von Johannes schien er die neuen Herrscher jedoch als legitim anzuerkennen. Neben der bekannten verwendete er sogar die neue Zeitrechnung:

Im Jahre 767 [= AD 729], dem 11. Jahr der Regentschaft des römischen Kaisers Leo und dem 112. Jahr der Araber, dem siebten Regierungsjahr des

[Kalifen] Hisham, kam Uthman heimlich von Afrika herüber, um die Regierung in Spanien zu übernehmen.[14]

Ebenso wie Johannes näherte er sich den Neuankömmlingen ausschließlich auf ethischem Gebiet. Weder von ihm noch von den Schreibern im Osten hörte man auch nur das Geringste darüber, dass sich eine neue religiöse Kultur ihren Weg durch den Mittelmeerraum gebahnt hatte. Auch er vermittelt ein Gefühl kultureller Kontinuität:

Zu jener Zeit wurden Fredoarius, Bischof von Guadix, Urban, der ältere Sänger der Kathedrale der königlichen Stadt Toledo, und der Erzdekan Evantius aus demselben Bistum, als geistreiche Lehrer, Weise und Heilige verehrt, die die Kirche Gottes mit ihrem Glauben, ihrer Hoffnung und ihrer Mildtätigkeit verteidigten, im Einklang mit der Heiligen Schrift.[15]

In Spanien tauchte wenig später eine ähnliche Schrift über den Propheten des Islam, Mohammed, auf. Sie ist in einem sehr kurzen Werk namens *Ystoria de Mahomet* enthalten, das wahrscheinlich im 8. oder frühen 9. Jahrhundert in Südspanien entstand. Es heißt dort, Mohammed, „ein Sohn der Dunkelheit"[16], stahl einige christliche Lehren und bezeichnete sich selbst als Prophet. Er proklamierte eine absurde Lehre, die ihm von einem Geier überbracht worden sei, der sich als Erzengel Gabriel ausgegeben hatte.

Er hetzte seine Nachfolger zum Krieg auf. Er war ein Sklave der Wollust, die er mittels der Gesetze rechtfertigte, die er fälschlicherweise als göttliche Inspiration bezeichnete. Er sagte seine eigene Auferstehung voraus, doch sein Körper sei nach seinem Tod völlig angemessen von Hunden gefressen worden. Der anonyme Autor ignorierte wie Johannes den Islam jedoch nicht und stellte teilweise absurde Querverweise zum Koran her. So scheint „er sprach über die Wiedehopfe"[17], ein Verweis auf die Koransure 27, 20 zu sein. Allerdings war auch dieser Schreiber wie Johannes erfüllt von Hass und Bitterkeit. In Spanien wie in Syrien konnten die Christen das neue Regime zwar akzeptieren und in ihm leben, schmähten und verunglimpften jedoch insgeheim seine Führungsschicht.

Während der ersten Phase islamischer Expansion distanzierten sich die Eroberer von den unterworfenen Völkern. Sie siedelten sich im Allgemeinen im näheren Umfeld der großen Garnisonen an, wo sie das privilegierte Leben einer Okkupationsarmee führten. Dabei konnte es sich um bereits bestehende Städte wie Damaskus oder Córdoba handeln, aber auch um Neugründungen wie Basra oder Kufa (heute Al Kufah) in Mesopotamien, Fustat (Alt-Kairo) oder Kariouan in Tunesien. Hier wird ein bestimmtes Prinzip deutlich. Man merkt, dass sie an den Eroberten nicht wirklich interessiert waren. Gelehrte waren nützlich, ja als Steuerzahler, Verwalter und Handwerker sogar unersetzlich, aber darüber hinaus gab es keine Annäherung. Ihre Kultur hatte kaum Bedeutung für die Eroberer. Die Christen konnten dagegen dem Islam gegenüber nicht gleich-gültig bleiben. Die Haltungen, die uns aus dieser frühen Periode begegnen – Unverständnis, Vorbehalte, Feindschaft –, sind im Rückblick zwar beklagenswert, aber unter den damaligen Umstän-den und Voraussetzungen nur allzu verständlich.

Die Distanz auf der einen und die Feindseligkeit auf der ande-ren Seite erwiesen sich über die folgenden Jahrhunderte als bemer-kenswert hartnäckig.

II
Ein Elefant für Karl den Großen

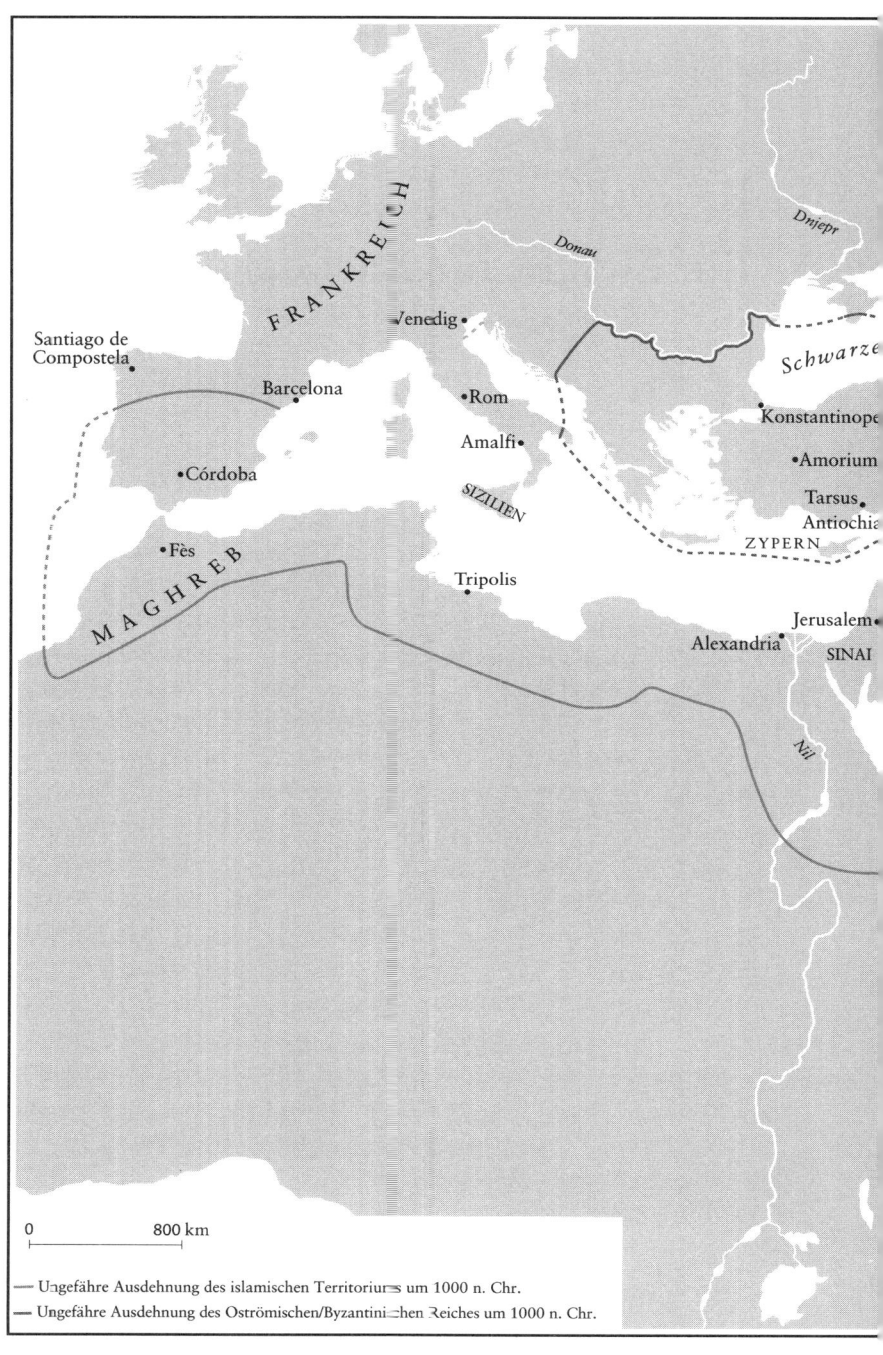

Santiago de
Compostela

Barcelona

•Córdoba

•Fès

M A G H R E B

FRANKREICH

Venedig•

•Rom

Amalfi•

SIZILIEN

Tripolis

Donau

Dnjepr

Schwarze

Konstantinope

•Amorium

Tarsus•
Antiochia

ZYPERN

Jerusalem•

Alexandria•

SINAI

Nil

0   800 km

— Ungefähre Ausdehnung des islamischen Territoriums um 1000 n. Chr.
— Ungefähre Ausdehnung des Oströmischen/Byzantinischen Reiches um 1000 n. Chr.

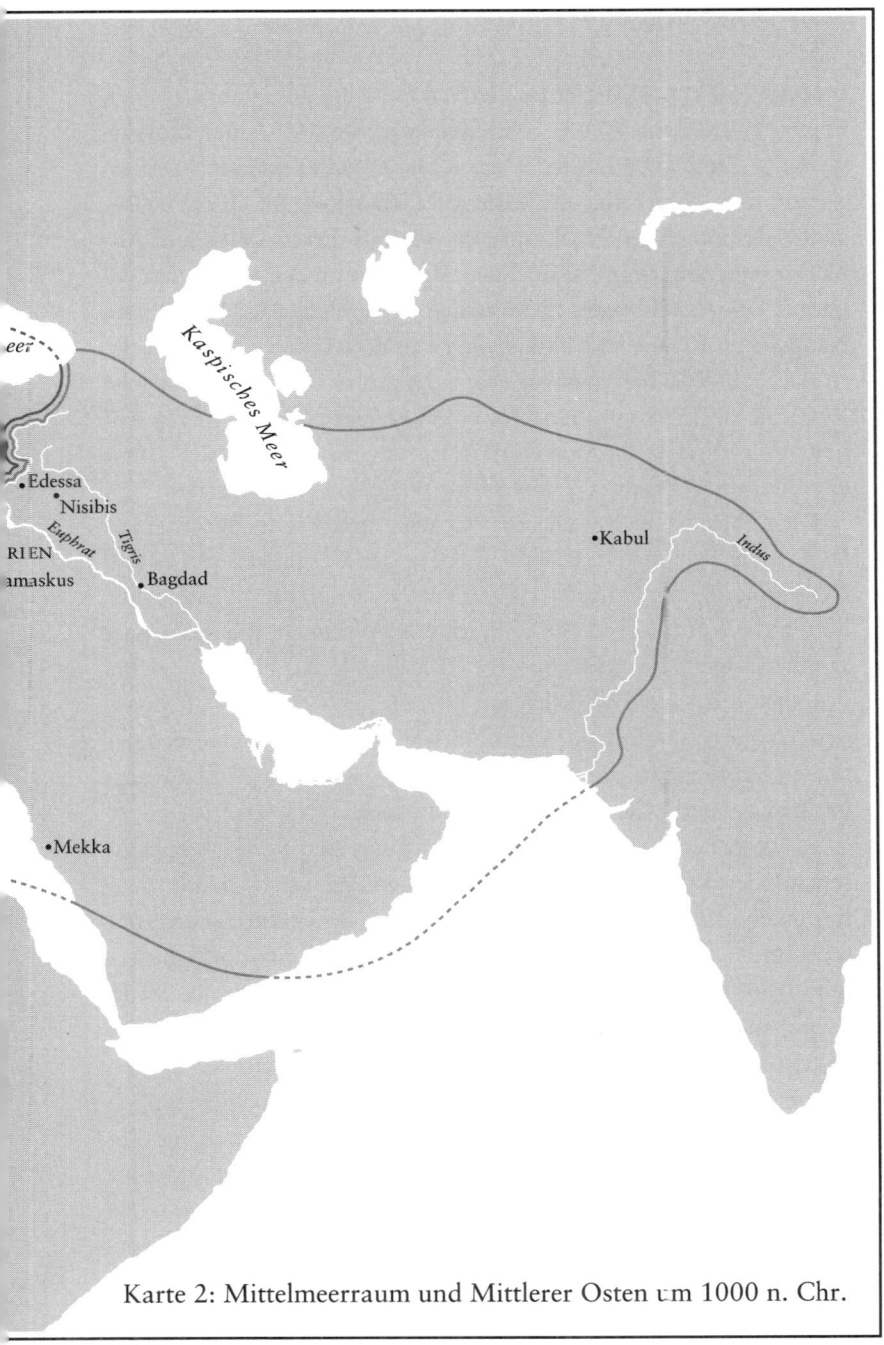

Karte 2: Mittelmeerraum und Mittlerer Osten um 1000 n. Chr.

Im Jahr 750 kam es in der politischen Führung des Islam zu einem Staatsstreich. Abul Abbas, auch genannt as-Saffah, „der Blutvergießer", tötete die Mitglieder der regierenden Omaijaden-Dynastie und setzte sich selbst als Kalif von Damaskus ein. Der neue Regent behauptete, ein Nachfahre des Onkels des Propheten al-Abbas zu sein. Seine Familie ist daher als Dynastie der Abbasiden bekannt. Sein Nachfolger, al-Mansur, verlegte die Hauptstadt des Islamischen Reichs 762 in das eigens zu diesem Zweck gegründete Bagdad. Von hier aus regierten die Abbasiden die islamische Welt, bis sie 1258 von den Mongolen verjagt wurden. In der frühen abbasidischen Periode wurden Christentum und *Dar al-Islam* einander immer fremder, obwohl sie weiterhin interagierten.

Die abbasidische Revolution war weit mehr als ein Wechsel der Dynastien: Sie war ein Wendepunkt in der Geschichte des Islam. Die Verlegung der Hauptstadt war ein Symbol dafür. In Damaskus hatten die Kalifen eine antike Stadt eingenommen, die nicht weit von den Küsten des Mittelmeeres entfernt lag. Als Hüter eines Erbes, das ihnen nicht wirklich am Herzen lag, beherrschten sie einen Nachfolgestaat, der aus zusammengewürfelten Fragmenten der beiden Großmächte der Antike bestand und nun dem Wohl der arabischen Eroberer diente. Bagdad war anders.

Es lag im heutigen Irak, und die Verlegung vom Mittelmeer mehrere hundert Kilometer nach Mesopotamien signalisierte neue Orientierungen und neue Horizonte. Außerdem war es eine rein islamische Stadt, das heißt, es gab keinerlei frühere religiöse oder kulturelle Traditionen. Der Stadtkern, die 762–766 erbaute Runde Stadt, zeigte zwar Anleihen des persischen Städtebaus, war jedoch als architektonische Untermauerung der islamischen und abbasidischen Autorität konzipiert: Im Zentrum lag ein großer, von einer riesigen Gartenanlage umgebener Gebäudekomplex mit Moschee und Palast. Bagdad beanspruchte eine neue Form der Legitimität und kündete von einem neuen Regierungsstil in der islamischen *Umma*. Die Macht des Kalifen blieb fest in der Hand der Abbasiden und entwickelte sich zu einer Autokratie, gestützt von einem stehenden Heer und bezahlten Beamten. Der Regent selbst verschwand hinter höfischen Ritualen – unnahbar und unerreichbar. Diese Regierungsform erinnerte an die absolutistischen, theokratischen Traditionen des prä-islamischen Persiens.

Das ist nicht wirklich überraschend, denn die Perser drängten in die ständig expandierende Verwaltung in der neuen Hauptstadt. Sie konnten in hohe Positionen aufsteigen. Ein bemerkenswertes Beispiel aus der frühen abbasidischen Periode ist die Barmakiden-Familie, die ursprünglich aus dem iranischen Grenzgebiet weit im Osten stammte und buddhistischen Glaubens war. Die Familienmitglieder bildeten den inneren Kreis der Regierungsverantwortlichen unter Kalif Harun ar-Rashid (786–809). Aus den Buddhisten waren inzwischen jedoch Muslime geworden. Damit unterschieden sie sich von der Konfessionstreue früherer Beamter wie der Familie des Johannes von Damaskus. Sie hatte an ihren religiösen Traditionen festgehalten, während spätere Staatsangestellte dazu neigten, ihre Loyalität dem Islam zu schenken. Warum?

Für den Augenblick genügt es zu wissen, dass dies teilweise darauf zurückzuführen war, dass sie sich nun im Islam eher willkommen fühlten. Die Abbasiden erwiesen sich in kultureller Hinsicht attraktiver als ihre Vorgänger.

Eine wichtige Facette der neuen Offenheit war der Wille eines Teils der Oberschicht, das intellektuelle Erbe der Antike zu integrieren. So wie der Irak im Zentrum eines Handelsnetzwerks lag, das sich vom Atlantik über die gesamte Alte Welt bis zum Pazifik erstreckte, konnten die islamischen Gelehrten auf das Wissen und die Erkenntnisse der griechischen und persischen Antike, Indiens und Chinas zugreifen. Sie taten dies in der frühen abbasidischen Periode mit großer Begeisterung; und auf die Phase der Absorption folgte ein enormer Schub intellektueller Kreativität, vor allem in den Bereichen der Philosophie und der Naturwissenschaften, was weit reichende Konsequenzen für die Entwicklung der Zivilisation hatte.

Dies macht deutlich, wie die abbasidische Revolution neue Perspektiven für die islamische Welt eröffnete. Es entstand fast so etwas wie eine neue Identität. Ein Muslim im Bagdad von Harun ar-Rashid zu sein, war eine völlig andere Erfahrung als ein Muslim in den Eroberungsarmeen zu sein, die nur eineinhalb Jahrhunderte zuvor von der Arabischen Halbinsel aus in den Fruchtbaren Halbmond eindrangen, der sie nun umgab. Was bedeuteten diese seismischen Veränderungen für die Beziehungen zum Christentum?

In der frühen abbasidischen Periode traten mehr und mehr eroberte Völker zum Islam über. Für das „Volk der Bibel" war der Islam keine missionierende Religion. Die islamische Führung benötigte dagegen die Steuergelder der Christen, also gab es keinen finanziellen Anreiz für den Übertritt in die islamische *Umma*. Natürlich gingen zahlreiche eroberte Völker dennoch diesen Schritt.

Aber wohin? In der Omaijaden-Periode blieben Status, Macht und Wohlstand das streng gehütete Monopol der arabisch-muslimischen Oberschicht. Wer konvertieren wollte, musste von einem arabischen Clan als Mawla (Plural Mawali) oder „Klient" eines Beschützers aufgenommen werden. Mawali erhielten keine vollständige Anerkennung als Mitglieder der *Umma*, sondern blieben Bürger zweiter Klasse und wurden weiterhin diskriminiert (etwa durch hohe Steuerabgaben). Dadurch entstanden Ablehnung und soziale Spannungen, die schließlich eskalierten. Entfremdete Mawali, im zweiten Viertel des 8. Jahrhunderts eine große Gruppe, gehörten zu den aktivsten Unterstützern der abbasidischen Revolution. Die Abbasiden gaben den Mawali, was sie begehrten: Gleichbehandlung in einer Gesellschaft, die sich nun über Religion und Kultur definierte und nicht mehr über die ethnische Herkunft; keine arabische, sondern eine islamische Gesellschaft.

Die regierende Schicht war zwar ethnisch gesehen nun nicht mehr arabisch, doch die Sprache setzte sich schnell durch. Arabisch war die Sprache der Regierung, des Handels und dann auch der Religion; schon bald sollte es die Sprache einer reichen und vielfältigen

Literatur werden. Arabisch war vom Atlantik bis nach Afghanistan verbreitet und gehörte zu einer der stärksten Kräfte der Einigung im abbasidischen Imperium. Ein weiteres Mittel war der Handel. Die Abbasiden kontrollierten eine riesige Freihandelszone, in der wertvolle Güter wie kostbare Textilien, Weihrauch sowie Gewürze und Ingredienzen für Nahrung und Kosmetik regelmäßig über große Distanzen hinweg auf dem Rücken von Kamelen, Eseln oder Sklaven transportiert wurden – im Islam des Mittelalters gab es kaum fahrbare Transportmittel. Händler und Handwerker waren angesehene Leute, hoch geschätzt und gut bezahlt. Die Städte, die in diesem Handelsnetz entstanden und es unterhielten, hatten einige Gemeinsamkeiten – Moscheen und Bäder, Basare, Karawanserei und Koranschulen –, sodass Reisende sich in Fès genauso zu Hause fühlen konnten wie in Kabul.

Hinter den schlichten Außenwänden der Häuser, die die engen Straßen säumten, verbargen sich häufig helle und elegante Wohnräume, Mittelpunkt der warmen Familiensolidarität, die ein essenzieller Bestandteil der islamischen Kultur und Moral war. Die Schulen lehrten den Koran, das Wort Gottes, hauptsächlich durch Auswendiglernen und mündliche Wiederholung, aber auch durch Lesen. Diese Gesellschaft legte großen Wert auf die Fähigkeit, lesen und schreiben zu können. Eine klare, saubere Handschrift war Voraussetzung für eine Anstellung im aufstrebenden Verwaltungswesen des Kalifats.

Dies sind einige typische Elemente der islamischen Gesellschaft, wie sie sich unter den Abbasiden ausbildete. Inwiefern diese auch konfessionell islamisch war, darüber streiten sich die Wissenschaftler bis heute. Veränderungen der religiösen Ausrichtung sind für Historiker im Allgemeinen nicht leicht zu belegen. Sie sind meistens nicht ausreichend dokumentiert und nur oberflächlich zu erklären. Es ist allgemein anerkannt, dass ein großer Teil der Bevölkerung in den eroberten Ländern sich früher oder später vom Christentum, Judentum oder persischen Zoroastrismus abwandte und zum islamischen Glauben der Eroberer konvertierte. Dagegen hielt eine Minderheit, zumeist eher auf dem Land als in Städten und Vorstädten, an ihrem angestammten Glauben fest. Leider sind Aussagen wie „ein großer Teil" oder „Minderheit" immer etwas vage, aber es gibt keine Daten, die genauere Angaben erlauben. Es handelt sich ausdrücklich nur um eine Schätzung, dass zwischen 75 und 90 Prozent der einheimischen Stadtbevölkerung in der islamischen Welt letztlich Muslime wurden, während 10 bis 25 Prozent sich verweigerten.

„Letztlich", weil dieser Vorgang nur sehr langsam vonstatten ging. Auch bei diesem Thema herrscht Unsicherheit. Man hat verschiedene Methoden vorgeschlagen, um die Zahl der Konversionen zu bestimmen. Sie sind teilweise sehr allgemein – etwa die Datierung vom Ausbau wichtiger Stadtmoscheen, um mehr Platz für die wachsende Zahl der Gläubigen zu schaffen –, aber auch rein statistischer Natur, wie die des amerikanischen Wissenschaftlers Richard W. Bulliet, der die sich verändernde Namensgebung als Anhaltspunkt für den Wandel religiöser Identität nutzte. Inzwischen ist man zu einem vorsichtigen Kompromiss gelangt.

Während der ersten ca. 100 Jahre nach Einsetzung islamischen Rechts gab es in der jeweils betroffenen Region nur sehr wenige Übertritte. Im Lauf der folgenden Jahrhunderte nahmen diese jedoch zu, und deutlich mehr Menschen setzten auf den neuen Glauben. Danach nimmt die Konversionsrate wieder ab. Vor dem Hintergrund der heutigen Diskussion der Beziehungen zwischen Islam und Christentum schätzt man, dass die meisten Konversionen in den zentralislamischen Staaten (Syrien, Ägypten, Irak) zwischen 750 und 950 geschahen. In den später eroberten Gebieten, zum Beispiel Spanien, stieg die Rate entsprechend in den Jahren zwischen 800 und 1000 an.

So paradox es auch klingt, die Christen spielten eine wichtige Rolle für das Entstehen der islamischen Gesellschaft. Teilweise wurde sie schon beschrieben: Christen waren für die Verwaltung unabdingbar. Der islamische Staat war von ihrer Arbeit abhängig.

Die Christen selbst übernahmen mehr und mehr Eigenheiten der islamischen Kultur – vor allem natürlich die arabische Sprache – und gewöhnten sich an deren Rituale, Gewohnheiten, Kleidung, Ernährung und Unterhaltungsmöglichkeiten. Ganz allmählich überwand ein Großteil der Bevölkerung die religiöse Barriere und nahm nicht nur die Kultur, sondern auch den Glauben des Islam an.

Außerdem führten die Christen die islamische Führungsschicht in die Kultur der griechischen und persischen Antike ein. Vorreiter waren hier die christlichen Gemeinden in Syrien und Mesopotamien. Ein erster Schritt war die Übersetzung des antiken Wissens in die syrische Sprache. So übersetzte zum Beispiel Georg „von den Arabern", ein Bischof in Mesopotamien, der im Jahr 724 starb, einige Werke von Aristoteles ins Syrische und versah sie mit Anmerkungen. Der zweite Schritt war die Übersetzung des syrischen Werks ins Arabische. Ein Mitglied der Barmakiden veranlasste schließlich die Übersetzung der *Syntaxis mathematike* (Mathematische Sammlung) von Klaudios Ptolemaios in die arabische Sprache unter dem Titel *Almagest,* wodurch das bedeutendste astronomische Werk der Antike auch islamischen Gelehrten zugänglich wurde. Hunayn ibn Ishaq (gestorben 873), ein Christ aus dem Osten, der ein Arzt des Abbasiden-Kalifen al-Mutawakkil war, übersetzte die medizinischen Werke von Hippokrates und Galen aus dem Syrischen, teilweise sogar direkt aus dem Griechischen, in die arabische Sprache.

Dieser Wissenstransfer geschah ganz einfach, weil die inzwischen ansässige islamische Führung zu Wohlstand gekommen und nun begierig war, neues Wissen zu erwerben und dieses mithilfe der Bereitschaft christlicher Hüter einer intellektuellen Tradition auch der Allgemeinheit zugänglich zu machen. Wo es den Anschein hat, dass dahinter konkrete Überlegungen standen, geschah dies planvoll. Die Förderer und Gelehrten des Islam waren an praktischem Wissen interessiert, zum Beispiel an Texten über Medizin, Landwirtschaft, Botanik oder Messwesen, sowie an Texten, die ihnen Gottes Wille näher brachten, also Bücher aus der Astronomie oder die

Werke Platons, die entscheidend waren für die Entwicklung der Philosophie. Die Wissbegier hatte auch den Segen des Propheten selbst, der (gemäß der Hadithen beziehungsweise „Erzählungen") gesagt haben soll: „Sucht überall nach Wissen, und sei es in China."

Im Gegensatz zu den wissenschaftlichen und philosophischen Werken der Antike stießen die literarischen Texte nicht auf Interesse. Die Geschichten aus *Tausendundeiner Nacht,* die im 9. Jahrhundert von der persischen in die arabische Sprache übertragen wurden, sind wohl die Ausnahme, die die Regel bestätigt. Einige Auszüge aus dem Werk Homers wurden ebenfalls aus dem Griechischen übersetzt, erregten aber kaum Interesse.

In den zentralislamischen Ländern des Fruchtbaren Halbmonds kooperierten Christen und Muslime also erfolgreich auf den benachbarten, teilweise überlappenden Gebieten des beruflichen wie kulturellen Austauschs. Kam es zu Differenzen, blieb man stets höflich. So wurde die Situation in dem apologetischen Werk eines zum Islam konvertierten Christen beschrieben. Al-Tabari war Christ und Staatsbediensteter, den es an den Hof des Kalifen zog. Er konvertierte zum Islam, verfasste einige medizinische Werke und wurde Mitte des 9. Jahrhunderts Freund und Berater der Kalifen. Seine religiösen Schriften sollten den christlichen Widerstand gegenüber dem Islam beenden. Al-Tabari erkannte, dass Mohammeds Anerkennung als Prophet der zentrale Punkt der Streitigkeiten war, also befasste er sich mit diesem zentralen Thema mit der gebotenen Sensibilität gegenüber den christlichen Standpunkten, versuchte jedoch, mittels Zitaten aus dem christlichen Schrifttum um Verständnis zu werben. So würden zum Beispiel Verweise auf Propheten, die die Lebenszeit Jesu vordatieren (etwa in Apostelgeschichte 13, 1), viele Gründe für die ablehnende Haltung gegenüber dem Propheten Mohammed entkräften.

Wenn man diese Beweise von Prophezeiung und Erfüllung betrachtet, wird man korrekterweise feststellen, dass die Gründe und Anlässe, die uns Mohammed (Friede sei mit ihm) als Propheten anerkennen ließen, dieselben sind, die euch Christus und Moses anerkennen ließen (Friede sei mit ihnen).[1]

Hier ist der höfliche Ton der Diskussion zwischen Muslimen und Christen noch deutlich zu spüren.

Christliche Kirchen unter islamischer Rechtssprechung – Monophysiten (oder Kopten), syrische und andere Gruppierungen – wurden häufig als „gefesselte" Kirchen bezeichnet. Diese Bezeichnung ist äußerst irreführend. Nach dem Ende der von Konstantinopel aus organisierten Verfolgung blühten sie auf wie nie zuvor. Es entstand eine reichhaltige, spirituelle Literatur aus Hymnen, Gebeten, Predigten und anderen religiösen Werken. Allerdings wuchsen nicht alle Bereiche der christlichen Kirche, die islamischem Recht unterstanden. Einige wurden isoliert. Die Kirchen in Nubien, am Oberlauf des Nils und weiter südlich in Äthiopien hielten bemüht regelmäßigen Kontakt zur Mutterkirche, vor allem in Alexandria. Mit der Zeit wurde dies jedoch immer schwieriger. Schließlich zerfiel die nubische Kirche. In Äthiopien bildete sich dagegen eine erfolgreiche, individuelle christliche Strömung aus. Als Portugiesen das Land im frühen 16. Jahrhundert betraten, fanden sie eine ungewöhnliche christliche Gemeinschaft vor, die sich jüdischer Praktiken (Beschneidung, Ernährungsvorschriften, Verehrung der Bundeslade) bediente und ein Leben führte, das sich von dem in Europa stark unterschied.

Dem Nordwesten Afrikas erging es weniger gut. Es hat die Forscher immer irritiert, dass eine Kirche, deren Vitalität in den Schriften früher Kirchenväter wie Tertullian, Cyprianus und Augustinus erkennbar war, unter dem Islam tatsächlich verschwand. Die Antwort ist sicher zum Teil darin zu suchen, dass der islamische Eroberungsfeldzug in Nordafrika länger und zerstörerischer war als in Ägypten oder Syrien. Als Folge davon emigrierten zahlreiche Führungspersönlichkeiten der afrikanischen Kirche in sichere Gebiete in Italien oder Südfrankreich. (Die Emigration war wie gesagt für die „Häretiker" der Ostkirchen wie Johannes von Damaskus keine Option. Sie mussten bleiben, wo sie waren, denn das Oströmische Reich hätte sie nicht mit offenen Armen empfangen.)

Durch die Emigration verschlug es manche Geistliche an völlig unerwartete Orte. Ein afrikanischer Mönch namens Hadrian wurde aus der Gegend von Neapel versetzt, um Abt einer Gemeinde in Canterbury zu werden. Die Schule, die er dort die nächsten 40 Jahre leitete, brachte der jungen englischen Kirche das Christentum des Mittelmeers ein großes Stück näher.

Im Übrigen hatte Nordafrika dem Islam viel weniger zu bieten als das Christentum des Mittleren Ostens. Karthago besaß einfach nicht das intellektuelle Potenzial von Alexandria, Edessa oder Nisibis. Auf der anderen Seite waren die Muslime wohl viel weniger interessiert oder auch empfänglich für diese Ressourcen. Die Maghreb-Wüste und Spanien waren im 8. und 9. Jahrhundert der Wilde Westen der muslimischen Welt, turbulente Randgebiete, die auf intellektueller Ebene völlig unbelehrbar schienen.

Der Luxus einer mehr oder weniger friedlichen Koexistenz, den zum Beispiel Hunayn ibn Ishaq und sein Dienstherr, der Kalif, genossen, wäre für die führende Schicht der Christen, also die Herrscher der Regionen, die als Restgebiete des Römischen Weltreiches und der germanischen Königreiche unter christlicher Kontrolle standen, unvorstellbar gewesen. Für sie war der Islam vordringlich eine militärische Bedrohung. Das Oströmische, oder wie wir es ab jetzt vielleicht nennen sollten, Byzantinische Reich erlebte seine größte Bedrohung zwischen 650 und 850, symbolisiert durch zwei auszehrende Belagerungen Konstantinopels in den Jahren 674 bis 678 und 716 bis 718.

Beide Male retteten die Stadtmauern das Imperium. In anderen Fällen waren es manchmal die Bergketten von Kilikien (der heutigen Osttürkei), organisierter Widerstand zu Wasser und zu Land oder die übernommene Infrastruktur mit effizientem Besteuerungssystem sowie die Zuversicht, die auf dem Fundament einer kirchlich fundierten, römisch-christlichen Identität basierte. Der Verlegung des Kalifensitzes von Damaskus nach Bagdad signalisierte eine Hinwendung nach Osten auf Seiten der herrschenden muslimischen Klasse.

Übergriffe auf den Mittelmeerraum nahmen ab, und die Entschlossenheit, das Imperium zu stürzen, zeigte erste Risse. Sicher war die Lage damit aber noch lange nicht. Noch im Jahr 838 fielen islamische Armeen in Kleinasien ein; Kaiser Theophilus verlor eine Schlacht und kam beinahe ums Leben; die bedeutende Stadt Amorion wurde erobert, zahllose Kriegsgefangene nach Syrien transportiert, nur die Offiziere konnten sich freikaufen, während die Mannschaftsgrade lebenslange Sklaverei erwartete.

Erst in der zweiten Hälfte des 9. Jahrhunderts konnte Byzanz, damals schon längst keine Großmacht mehr, sich wieder langsam sicherer fühlen, und erst im 10. Jahrhundert ging man wieder in die Offensive, im Rahmen einer oströmischen Reconquista. Unter den Soldatenkaisern wie Nicephorus Phocas und Johannes Tzimisces wurde das Christentum in Tarsus, Zypern und Antiochien wieder rehabilitiert.

Die zentrale Mittelmeerregion blickte in eine düstere Zukunft. Die islamische Eroberung Siziliens begann im Jahr 827. Rom wurde 846 überfallen. Eine Generation lang, zwischen 843 und 871, hatten die Muslime auf dem Festland Fuß gefasst, genauer gesagt in Bari (Apulien), von wo sie Feldzüge entlang der Adriaküste Italiens und Dalmatiens starteten. Nachdem sie aus Bari verdrängt worden waren, eroberten sie bald einen neuen Stützpunkt auf dem Festland, dieses Mal an der Westküste in der Nähe von Neapel, den sie bis zum Jahr 915 hielten. Als Sizilien fest in der muslimischer Hand war, wurden die Küstenregionen Kalabriens mehrfach angegriffen.

Die Überfälle auf Italien waren das Werk von Piraten, die sich nahmen, was ihnen in die Hände fiel, aber im eigenen Interesse und nicht im Auftrag eines Staates handelten. Rückblickend erscheint

es eher unwahrscheinlich, dass die Muslime jemals realistische
Aussichten gehabt hätten, sich auf dem Festland zu etablieren. Den
damaligen Zeitgenossen waren solch distanzierte Beobachtungen
natürlich nicht möglich, sie wurden durch die vom Meer aus angrei-
fenden Räuber ebenso demoralisiert wie ihre christlichen Leidensge-
nossen im Norden durch die Wikinger. Diesen Feinden zu widerstehen, war sicherlich im Sinne Gottes. Papst Leo IV. warb im Rahmen einer Predigt im Jahr 853 um Beistand gegen die Sarazenen
und erklärte, dass jeder, der in diesem Konflikt sein Leben ließe,
ins Himmelreich einginge.

Der einzige Überlebende der von as-Saffah organisierten, brutalen Ermordung des Omaijaden-Clans hatte eine blutige Spur bis
nach Spanien gezogen – das in arabischen Quellen grundsätzlich
al-Andalus genannt wird –, wo er ein unabhängiges, islamisches
Fürstentum mit Sitz in Córdoba errichtete, das von seinen Nachkommen bis ins 11. Jahrhundert hinein regiert wurde. (Der Name
al-Andalus hat Historiker und Sprachwissenschaftler gleicherma-
ßen beschäftigt. Wahrscheinlich wurde er von einem arabischen
Begriff, möglicherweise aus der Berbersprache, abgeleitet, der „Land
der Vandalen" bedeutet. Die Vandalen waren germanische Invasoren aus dem Weströmischen Reich, die im frühen 5. Jahrhundert
durch Spanien gezogen waren und später ein römisch geprägtes
Imperium in Nordafrika errichteten.)

Die Omaijaden-Fürsten in Córdoba übten ständigen Druck auf
ihre christlichen Nachbarn aus: auf den Rest des Westgotischen Königreichs, das sich nach Nordwesten zurückgezogen hatte, und im
Nordosten auf die Südgebiete des Fränkischen Königreichs unter
Karl dem Großen in Katalonien. Der Druck wurde zeitweise noch
erhöht. Gegen Ende des 10. Jahrhunderts wurden einem Herrscher
von al-Andalus 57 Angriffe gegen die Christen innerhalb von nur
21 Jahren zugeschrieben. Dazu gehörte auch ein Überfall auf eine
der heiligsten Stätten des Christentums, das Grab des Apostels Jakob in Santiago de Compostela, im Jahr 997.

Auch das südliche Gallien blieb nicht verschont. Gegen Ende des 9. Jahrhunderts existierte bei La Garde-Freinet, zwischen Toulon und Cannes und landeinwärts von St. Tropez, ein Piratennest, das etwa 80 Jahre lang Bestand hatte. Die Piraten überfielen Küstenschiffer, verwüsteten Alpentäler und das Rhône-Tal. Ihr wertvollster Fang war der Abt Mayeul des Klosters von Cluny im Burgund. Er wurde gefangen genommen, als er auf dem Heimweg von Rom die Alpen überquerte. Die Geiselnehmer verlangten 1000 Pfund in Silber für seine Freilassung, und sie bekamen sie auch, nachdem die Mönche das gesamte Tafelsilber der Kirche eingeschmolzen hatten. Die Piraten von La Garde-Freinet wurden letztlich erst im Jahr 972 vertrieben.

Das Christentum befand sich also im gesamten Mittelmeerraum in der Defensive. Die Bedrohung war dabei nicht nur militärischer Art, ob es sich nun um die Heere des Kalifen in der Türkei handelte oder um gesetzlose Kidnapper in der Provence. Während dieser Zeit häuften sich, wie bereits erwähnt, die Zahl der Übertritte zum Islam. Die christlichen Führer konnten buchstäblich mitansehen, wie ihre Gemeinden von Sonntag zu Sonntag schrumpften; eine äußerst unangenehme Erfahrung. Es gibt Belege dafür, welche Ängste beispielsweise zwei christliche Gemeinden Mitte des 9. Jahrhunderts auf gegenüberliegenden Seiten des Mittelmeeres beherrschten. Sie betreffen einmal die so genannten christlichen Mozarabiten – der Name leitet sich vom arabischen Begriff für „arabisiert" ab –, die als Christen unter islamischer Herrschaft in (Süd-)Spanien lebten. In den Jahren 850 bis 860 schmähten viele Christen in Córdoba (und weitere an anderen Orten), dem Sitz der Omaijaden in al-Andalus, den Islam absichtlich und öffentlich. Sie forderten damit die Todesstrafe heraus, die die Scharia, das islamische Gesetz, für solches Verhalten vorschrieb.

Ihr Tod spaltete die christlichen Gemeinden in Andalusien. Sie wurden einerseits als Märtyrer gefeiert, galten andererseits aber als scheinheilig, da sie den Tod freiwillig gesucht hatten. Es gibt schriftliche Belege, die zu ihrer Verteidigung aufgesetzt wurden. Sie werfen etwas mehr Licht auf die Stimmung, die damals unter den Mozarabiten herrschte. Der Priester Eulogius, der 859 ebenfalls den Märtyrertod starb, und Paul Alvar waren die Autoren dieser Schriften. Sie gehörten offenbar einer sehr engagierten christlichen Strömung an, die darüber äußerst besorgt war, dass die christliche Jugend sich mehr und mehr zum Islam hin orientierte. Die Berichte bieten ein glaubwürdiges Bild des damaligen Familien- und Arbeitslebens und spiegeln den Kontext unklarer religiöser Orientierung, in dem die Christen auf verschiedene Weise zum Islam gedrängt wurden.

Ein Opfer war beispielsweise der junge Isaak, der im Jahr 851 als Erster in Córdoba hingerichtet wurde. Isaak kam aus einer wohlhabenden, christlichen Familie der Stadt. Er war gebildet und sprach fließend arabisch. Dank seiner Fähigkeiten hatte er in den Staatsdienst eintreten können und sich schnell nach oben gearbeitet. Nach einer religiösen Offenbarung gab er seine Anstellung auf und wurde Mönch in einem nahen Kloster. Dort kam er zu der Überzeugung, dass er seinen Glauben beweisen müsse, indem er sich dem Islam widersetzte. Er bat um eine Audienz beim Qadi, dem obersten islamischen Richter von Córdoba, um sich angeblich im islamischen Glauben unterrichten zu lassen. Es sei hier am Rande vermerkt, dass den Qadi dies keineswegs überraschte. Offensichtlich waren Anfragen wie diese sehr häufig und kaum mehr als Routine. Isaak diffamierte bei dieser Gelegenheit jedoch den Islam aufs Äußerste und wurde daher mit der Strafe belegt, die das islamische Recht vorsah.

Belegt ist auch das Beispiel der Schwestern Alodia und Nunilo, die nicht in Córdoba, sondern im nördlichen Huesca am Fuß der Pyrenäen aufwuchsen. Sie waren Kinder eines muslimischen Mannes und einer christlichen Frau. Der Vater hatte der Mutter gestattet, die Kinder im christlichen Glauben zu erziehen. Nach seinem Tod heiratete die Mutter ein zweites Mal, wieder einen Muslim. Der zweite Ehemann zeigte sich weniger tolerant, also schickte die Mutter ihre Töchter zu ihrer christlichen Schwester, um sie und ihren Glauben zu schützen. Dann jedoch denunzierte ein feindlich gesinnter Nachbar die Töchter als Abtrünnige des Islam. Sie wurden in Haft genommen und mit einer Reihe von Anreizen, zum Beispiel einer vorteilhaften Heirat, gelockt, wenn sie nur dem Christentum abschwören würden. Sie weigerten sich und wurden daraufhin öffentlich enthauptet.

Der Druck, sich dem Islam zu beugen, entstand also sowohl durch die Nachbarschaft als auch durch Heirat oder ein besonderes Schutzbedürfnis, durch die Notwendigkeit, einer Arbeit nachzugehen und durch jugendlichen Gruppenzwang. Solche Kräfte wirken auch in fast jedem anderen historischen Kontext. Systemkonformität hat Vorteile und ist bequem. Eine solche Einstellung mag opportunistisch sein, ist aber auch allzu menschlich. Christliche Fanatiker waren aufgebracht. Sie sahen sich selbst und ihre christliche Kultur, ja ihre Identität bedroht. Vor allem im Mönchskloster von Tabanos in der Nähe Córdobas schienen Angst und Wut ein gefährliches Maß erreicht zu haben. Schließlich eskalierte die Situation. Viele der Märtyrer kamen aus Tabanos, als von Gott Auserwählte, wie sie tragischerweise glaubten, die vor einer Welt Zeugnis für ihren Glauben ablegen sollten, die sie und ihn betrog.

Etwa zu der Zeit, als sich diese Ereignisse in Spanien zutrugen, verfasste ein unbekannter Mönch in einem Kloster in Palästina ein Werk in arabischer Sprache zur Verteidigung des Christentums. Die Feinde, die er gleich in der Einführung besonders herausstellte, waren jene Schäfchen der christlichen Gemeinde, die er als Heuchler bezeichnete.

Sie verbergen ihren Glauben, und sie geben ihnen [den Muslimen] alles preis, was sie haben wollen ... Sie verlassen den Pfad ins himmlische Königreich ... die Scheinheiligen unter uns, die unser Zeichen tragen, zu unseren Gemeinden gehören, sie lehnen unseren Glauben ab und haben sich selbst verloren, Christen sind sie nur noch dem Namen nach.[2]

Die hier dargelegte Situation ähnelt ganz offensichtlich der, die auch Eulogius und Paul Alvar beschrieben. In Palästina wie in Spanien wurde das Christentum durch Abwanderung und Scheinheiligkeit geschwächt und zurückgedrängt. Dabei wussten beide Gruppierungen jeweils auch von der anderen. Ein Mönch namens Georg aus Mar Saba – der früheren Heimat des Johannes von Damaskus – besuchte Südspanien. Er wurde nur bekannt, weil er sich den christlichen Fanatikern anschloss und 852 hingerichtet wurde. Es könnte also durchaus noch mehr Mönche wie ihn gegeben haben, von denen man nichts weiß. Besorgte Christen konnten ihre Nöte teilen, Aufzeichnungen austauschen und über mögliche Maßnahmen sprechen.

Es ist leicht verständlich, dass sich in einer Klosterumgebung, sei es in Mar Saba oder Tabanos, ein besonders intensiver, religiös motivierter Fanatismus entwickeln konnte. Die weltlicheren Christen außerhalb des Klosters hielten eine vorsichtigere Einstellung jedoch für ratsam – auch wenn sie von Puristen dafür als Verräter gebrandmarkt würden. Diese Einstellung scheint auch Reccafred von Sevilla vertreten zu haben, der mozarabische Bischof von al-Andalus. Seiner Meinung nach handelte es sich in Córdoba um falsche, fehlgesteuerte Märtyrer.

Um dieser Form von Kritik zu begegnen, verfassten Eulogius und Paul Alvar ihre polemischen Schriften. Abgesehen von der Frage, wie sich denn wahres Märtyrertum definiere, konnten die Fanatiker Reccafred und seine Anhänger als „arabisiert" bezeichnen und der Kollaboration mit der islamischen Führung bezichtigen. Reccafreds Reaktion auf solche Anschuldigungen ist nicht bekannt, man darf aber annehmen, dass er sein Entgegenkommen als im Sinne seiner Anhänger darstellte, um möglicher Verfolgung vorzubeugen. Hier geht es um entscheidende ethische und immer wiederkehrende Fragen.

100 Jahre nach den Ereignissen von Córdoba bestanden noch immer dieselben Probleme. Mitte des 10. Jahrhunderts tauschte

Córdoba mit dem Hof von Otto I. aus Deutschland zahlreiche Botschaften aus. (Der Grund für diese diplomatischen Beziehungen war wahrscheinlich die Organisation eines gemeinsamen Vorgehens gegen die Piraten von La Garde-Freinet; der Erfolg dieser Zusammenarbeit ist jedoch nicht bekannt.) Eine dieser Botschaften überbrachte im Jahr 953 der bekannte deutsche Mönch Johannes aus der rheinischen Abtei von Gorze. Auf seinem Weg begegnete er einem anderen Christen, der ebenfalls Johannes hieß und vermutlich Bischof in Córdoba war. Dieser spanische Bischof schilderte, wie die Christen in al-Andalus überlebten:

Bedenke, unter welchen Bedingungen wir leben. Wir wurden durch unsere Sünden dazu getrieben, uns von den Heiden regieren zu lassen. Es ist uns durch die Worte des Apostels verboten, dieser Macht gegenüber Widerstand zu leisten. Nur ein Trost ist uns geblieben, dass uns trotz dieser furchtbaren Katastrophe nicht verboten wird, unseren Glauben zu praktizieren ... Wir haben uns beraten und beschlossen, fürs Erste Folgendes zu tun: Solange unsere Religion nicht beschädigt wird, gehorchen wir ihnen in allen anderen Bereichen, und wir führen alle Befehle aus, die nicht im Widerspruch zu unserem Glauben stehen.[3]

Johannes von Gorze zeigte sich von solcher seiner Meinung nach feigen Einstellung brüskiert und forderte unbedingte Konfrontation:

Etwas verärgert entgegnete Johannes von Gorze: „Jemand, der kein Bischof ist wie du, dürfte so etwas sagen. Eure übergeordnete Position sollte euch jedoch zum Verteidiger des Glaubens machen ... Niemals könnte ich dem zustimmen, dass die göttlichen Gesetze aus Furcht oder Freundschaft gebrochen werden ... Selbst wenn ich akzeptiere, dass Ihr gezwungen wart, Euch zu beugen, so bin ich selbst doch frei von solchem Zwang, und keine Angst, Verlockung oder Notwendigkeit soll mich von meinem Weg ablenken ... Ich werde Zeugnis ablegen, und selbst wenn mein Leben auf dem Spiel steht, werde ich nicht weichen."[4]

Zu seinem eigenen Glück konnte er davon überzeugt werden, von dieser feindseligen Einstellung Abstand zu nehmen, und seine Botschaft erreichte trotz einiger Schwierigkeiten schließlich ihren Empfänger. Überliefert wurde diese Geschichte vom Biografen von Johannes von Gorze, der schon kurz nach dessen Tod mit der Niederschrift begann, um den Anspruch des Abts auf Heiligkeit zu unterstützen. Man kann natürlich nicht erwarten, dass ein Hagiograph den christlichen Heroismus seines „Helden" herabsetzt. Mit anderen Worten, die Begegnung zwischen den beiden Johannes hat sich möglicherweise nicht genau so zugetragen wie beschrieben. Insgesamt ist der Inhalt jedoch durchaus glaubwürdig. Die mozarabischen Christen waren eingeschüchtert und verängstigt. Bedenken wir, dass seit der Zeit von Eulogius ein Jahrhundert mit ständig steigender Zahl von Konversionen vergangen war. Reisende Christen von jenseits der Pyrenäen zeigten sich dynamisch und konfrontationsbereit, und sie wurden dafür in ihrer Heimat wie ein gutes Omen gefeiert.

Die westliche Christenheit hatte sich im frühen Mittelalter ganz anders entwickelt als die islamische Gesellschaft unter den Abbasiden. Während der *Dar al-Islam* eine Welt war, deren Städte durch ein Handelsnetz verbunden waren, war der Westen fast ausschließlich eine Agrargesellschaft.

Die Städte waren klein und weit verstreut, der Handel beschränkte sich zumeist (allerdings nicht immer) auf kleine Gebiete. Ein Händler war weder besonders wichtig noch besaß er einen außergewöhnlichen Status in der Gesellschaft. Die Infrastruktur der einst römischen Ordnung – einheitliche Rechtssprechung, Steuersystem, Verwaltung, stehendes Heer – war verschwunden. Der Frankenstaat hatte unter Karl dem Großen (768–814) an Größe und Einfluss zugenommen, verhielt sich zum abbasidischen Reich unter Harun ar-Rashid aber wie ein Karpfen zu einem Wal. Außerdem funktionierte er völlig anders. Die Macht des Königs basierte ausschließlich auf der Loyalität und Kooperation einer schwer kontrollierbaren Militäraristokratie, und die Großgrundbesitzer führten auf ihrem Grund und Boden ein strenges Regiment, das man kaum als „Regierung" bezeichnen konnte. Außerhalb der Geistlichkeit (und auf niedrigerer Ebene selbst dort) herrschte Analphabetismus, Lesen und Schreiben wurden bei weitem nicht so wichtig genommen wie in der islamischen Welt. Die wissenschaftlichen und philosophischen Erkenntnisse der klassischen Antike waren fast vollständig vergessen, ebenso wie die griechische Sprache, in der sie überliefert worden waren. Sie wurden durch eine geistige Kultur ersetzt, die sich hauptsächlich nach der Bibel und den lateinischen Kirchenvätern wie Augustinus richtete, eine in sich gekehrte, rückwärts gewandte und äußerst konservative Kultur. Kein Wunder, dass die Muslime der Abbasiden-Zeit so wenig Interesse für die westliche, lateinische Christenheit aufbrachten: Sie hatte ihnen einfach nichts zu bieten. Die ablehnende Haltung des Reisenden und Geografen Ibn Hawqal (10. Jahrhundert) war typisch: Das Frankenland, schrieb er, sei eine gute Sklavenquelle, und mehr gäbe es darüber auch nicht zu sagen.

Das heißt nun aber nicht, dass es zwischen Christenheit und Islam keinen Austausch gab. Im Gegenteil, man arbeitete intensiver und auf vielfältigere Weise miteinander als in der vorangegangenen Omaijaden-Ära. Zum einen bestanden diplomatische Beziehungen. Karl der Große und Harun ar-Rashid nahmen um das Jahr 800 diplomatische Kontakte auf – ein wichtiges Jahr, denn am Weihnachtstag wurde Karl zum Kaiser von Rom gekrönt. Das Geschenk des Kalifen, ein Elefant mit Namen Abul Abbas (nach dem Gründer der Dynastie), der im Jahr 801 über Tunesien Italien erreichte, könnte mit diesen Ereignissen in Zusammenhang gestanden haben, denn Elefanten galten im Nahen Osten seit Jahrhunderten als Statussymbole. Durch das exotische Tier entstanden erste zarte Bande zwischen zwei Kulturen, die unterschiedlicher kaum sein konnten. Abul Abbas stapfte mit majestätischem Schritt – wahrscheinlich – bis nach Aachen, der Residenzstadt Karls des Großen, wo der Ele-

fant neun vermutlich unangenehme Jahre lang lebte. Er war als
„Persönlichkeit" immerhin wichtig genug, dass sein Tod in der of-
fiziellen königlichen Chronik des Jahres 810 erwähnt wurde.

Verhandlungen über den Austausch von Kriegsgefangenen waren
häufig Anlass für diplomatische Kontakte. Zu Beginn des 10. Jahrhunderts wurde zum Beispiel St. Demetrianus von Zypern aus diesem Grund nach Bagdad gesandt. Die Begleitbriefe von Nicholas
Mysticos, dem Patriarchen von Konstantinopel, die er mit sich trug,
waren an „meinen besten Freund",[5] den abbasidischen Kalifen,
adressiert. So klingt die Sprache der Diplomatie. In Konstantinopel
wurde ständig darüber Protokoll geführt, welche Kontakte es gab
und wie man sich gegenüber benachbarten Völkern zu verhalten
hatte. Die Fehler, die man im 7. Jahrhundert hinsichtlich des Lernens
von anderen Völkern gemacht hatte, sollten sich nicht wiederholen.
Ein aus dem 10. Jahrhundert stammendes Handbuch, das Aus-
schnitte von Dokumenten enthält, die unter dem gebildeten Herrscher Konstantin Porphyrogenitus angefertigt wurden, ist bis heute
erhalten und liefert einen flüchtigen Eindruck von dem, was die
verlorenen Archive des Imperiums einst enthalten haben mochten.

Als sich St. Demetrianus nach Bagdad aufmachte, stand sein
Heimatland Zypern bereits seit zweieinhalb Jahrhunderten unter
islamischer Herrschaft. Vermutlich sprach er fließend arabisch, was
ihn für seine Mission besonders qualifizierte. Auch die islamische
Führung beschäftigte christliche Geistliche, die des Lateins kundig
waren, um mit christlichen Führern in Kontakt zu treten. In Reaktion auf Johannes von Gorzes Reise nach al-Andalus wurde ein
Geistlicher namens Recemund von Córdoba aus an den Hof von
Otto I. geschickt. Recemund war ein mozarabischer Bischof im südspanischen Elvira (dem späteren Granada) und in al-Andalus ein
geschätzter Intellektueller.

Reisen war in der sprachlich und kulturell geeinten Welt des Islam unter den Abbasiden vergleichsweise unproblematisch. Ein
Mann wie Ibn Hawqal reiste sehr viel, sowohl innerhalb des *Dar*

al-Islam als auch darüber hinaus. Auf seinen Reisen wagte er sogar die gefährliche Durchquerung der Sahara und gelangte südlich bis ins Nigertal, wo Gold gewonnen wurde. Dennoch besuchten Reisende wie er niemals das Reich der Christen (abgesehen von einigen Kaufleuten). Sie waren an dem, was sie dort erwartete, schlichtweg nicht interessiert. Die islamische Welt war sich zur Zeit der Abbasiden in vieler Hinsicht selbst genug. Die heiligen muslimischen Stätten lagen innerhalb des *Dar al-Islam*, ein Pilger musste ihn auf dem Weg nach Mekka nicht verlassen. Die heiligsten Orte der Christen lagen dagegen nun außerhalb ihres Territoriums. Über die Jahrhunderte zog ein beständiger, dünner Strom von Pilgern nach Jerusalem und die anderen heiligen Stätten Palästinas. Einige wenige von ihnen hinterließen Reiseberichte, die bis heute erhalten blieben. Sie befassten sich hauptsächlich mit der Beschreibung geografischer Gegebenheiten. Gelegentlich finden sich jedoch auch Reflexionen auf die Welt, in die die Pilger damals vordrangen.

Der Frankenbischof Arculf war einer der Ersten. Er besuchte den östlichen Mittelmeerraum schon in den 70er-Jahren des 7. Jahrhunderts. In Ägypten beobachtete er Nilkrokodile, und in seiner Beschreibung des Versuchs, ganz Alexandria an einem Tag zu durchwandern, erschließt sich die enorme Größe dieser Stadt. Pferdekarren, die in seiner gallischen Heimat zum Straßenbild gehörten, waren überhaupt nicht zu sehen; stattdessen wurden alle Lasten von Kamelen getragen. In Damaskus hatten „die ungläubigen Sarazenen" sich „eine eigene Kirche"[6] gebaut, die große Omaijaden-Moschee. Auf dem Rückweg wurde Arculfs Schiff irgendwo entlang der gallischen Atlantikküste vom Kurs abgetrieben, sodass er schließlich nach einigen Abenteuern im Mönchskloster Iona an der schottischen Westküste landete. Dort diktierte er seine Erinnerungen einem Schreiber der Mönche. Bemerkenswert ist an diesem wie auch anderen Berichten der Mangel an Interesse für die religiöse Kultur des Islam. Insgesamt waren die Christen wohl auch nicht interessierter am Islam als umgekehrt.

Solche Kontakte bildeten allerdings nicht den Hintergrund für die Ausbreitung der Kultur. Christliche Künstler und Handwerker arbeiteten an frühen islamischen Sakralbauten wie der Moschee, die Arculf in Damaskus besichtigte, oder dem Felsendom in Jerusalem, wo sie die neuen Herrscher in der Kunst der Steinbearbeitung und der Mosaiken unterrichteten. Ein Bericht aus dem 12. Jahrhundert beschreibt eine Tradition, nach der Kalif al-Walid I. (705–715) den Herrscher in Konstantinopel bat, ihm 12 000 Handwerker zu senden, die an der Moschee von Damaskus arbeiten sollten. Die Zahl ist vielleicht übertrieben, aber die Geschichte ist glaubwürdig. Es wurden noch weitere Fertigkeiten ausgetauscht, allerdings sind die Ausführenden selten auszumachen. Ein Beispiel dafür ist das gefürchtete „griechische Feuer", oder wie Konstantin Porphyrogenitus es beschrieb, „das flüssige Feuer, das aus Rohren schießt" – es basierte wahrscheinlich auf Petroleum –, dessen Geheimnis ihm, Konstantin dem Großen, durch einen von Gott gesandten Engel übermittelt wurde, mit der strengen Auflage, dass „es nur von Christen und nur in der von ihnen regierten Stadt (zum Beispiel Konstantinopel) hergestellt werden dürfe und nirgendwo sonst; und es soll auch an keine andere Nation weitergegeben werden".[7]

Nach einer etwas weltlicheren Version der Geschichte wurde das „griechische Feuer" im 7. Jahrhundert von einem libanesischen Erfinder namens Calinicus entwickelt, der vor dem Islam nach Byzanz geflohen war und die Pläne mitgenommen hatte. Hatte die Obrigkeit wirklich versucht, sie geheim zu halten, so war sie dabei nicht sehr lange erfolgreich. Als Konstantin Porphyrogenitus sein Wissen niederschreiben ließ – inklusive einer moralisierenden Beschreibung dessen, was einem Staatsangestellten blühte, wenn er sich bestechen ließ und das Geheimnis verriet (vom himmlischen Feuer verschlungen werden) –, war den islamischen Schiffsoffizieren diese Technik schon längst bekannt. Das „griechische Feuer" war im 10. Jahrhundert sowohl bei den Christen als auch bei den Muslimen zu „einem Standardelement der Bewaffnung eines Kriegsschiffs"[8] geworden.

Ein weniger spektakuläres Beispiel für den Einfluss des Christentums auf den Islam ist die Sandale mit Korksohle. Diese Fußbekleidung wurde während der römischen Herrschaft in Spanien entwickelt, wobei man die Rinde der Korkeiche verwendete. (Der Begriff „Kork" leitet sich wahrscheinlich indirekt vom lateinischen *quercus*, „Eiche", ab.) Nach der muslimischen Eroberung Spaniens übernahmen die Eroberer das leichte, haltbare, bequeme und preisgünstige Schuhwerk, wodurch es ostwärts nach Nordafrika und in die zentralislamischen Länder verbreitet wurde. 14 Jahrhunderte später benutzen wir es noch immer.

Von den vielen Beispielen, in denen Kenntnisse in die andere Richtung, also vom *Dar al-Islam* zum Christentum, übermittelt wurden, sollen an dieser Stelle nur drei einfache, aber entscheidende genannt werden.

Zunächst die Methode, Wasser zur Feldbewässerung mithilfe einer Vorrichtung aus dem Boden zu holen, die von einem Tier angetrieben wird und auf arabisch *saqiya* genannt wurde. Das Tier – ein Esel, Maultier oder Kamel – wird vor einen Drehhebel gespannt, der wiederum ein Rad antreibt. Über ein einfaches Getriebe war dieses Rad mit einem weiteren, vertikalen Rad verbunden, das direkt über der Quelle angebracht wurde. An dem vertikalen Rad wurden außen Töpfe befestigt, die sich bei jeder Umdrehung füllten und ihren Inhalt in einen Tank ergossen, von dem aus die Felder bewässert wurden. Das Konzept war einfach und wartungsarm, und es sparte sehr viel Arbeitskraft. Das *saqiya* war im östlichen Mittelmeerraum schon zu prä-islamischer Zeit bekannt, wurde jedoch erst im Islam verbreitet. Auch diese Methode war in Spanien wahrscheinlich schon im 9. Jahrhundert bekannt und wurde im 11. Jahrhundert von Autoren aus Andalusien, die sich mit Ackerbau beschäftigten, beschrieben. Sie empfahlen, das vertikale Rad (den „Topfkranz") aus Hartholz, etwa Olivenholz, zu fertigen und die Töpfe mit einer Öffnung zu versehen, damit sie nicht durch den Wasserdruck zerbrachen. Ein andalusischer Dichter beschrieb die

Wasserräder sogar in Versform. Die spanischen Christen übernahmen die Technologie von ihren muslimischen Nachbarn beziehungsweise eigneten sie sich an, als sie muslimisches Gebiet zurückeroberten. Ein großer Teil der modernen, spanischen Hydraulik-Terminologie ist aus dem Arabischen abgeleitet.

Ein weiteres Beispiel ist der Abakus. Dieses einfache, technische Hilfsmittel für mathematische Berechnungen war bereits in der Antike vom Römischen Reich bis nach China bekannt. Im frühen Mittelalter war der Abakus aus der westlichen Welt verschwunden. Seine Wiedereinführung kann vergleichsweise genau datiert und nachgewiesen werden. In den 60er-Jahren des 10. Jahrhunderts verbrachte ein junger französischer Geistlicher namens Gerbert von Aurillac einige Zeit seines Studiums in Katalonien. Nach seiner Rückkehr nach Frankreich ließ er sich einige Jahre in Reims nieder, wo er sich als Lehrer der Mathematik einen guten Ruf erwarb.

In einem Schreiben an einen Freund aus dem Jahr 984 bat er diesen um „das kleine Buch *Über die Multiplikation und Division von Zahlen* von Josef dem Hispanier".[9] Der Begriff „Hispanier" weist darauf hin, dass es sich dabei um einen jüngst eingewanderten, muslimischen Spanier aus Andalusien handelte und nicht um irgendeinen Bewohner der Iberischen Halbinsel. Josef der Hispanier war entweder ein christlicher oder jüdischer Immigrant aus dem muslimischen Süden, mit dessen Gelehrtheit und mathematischen Schriften auch Gerbert in Kontakt kam, als er in Katalonien studierte. Gerbert verfasste selbst ein Buch über den Abakus, das höchstwahrscheinlich auf dem verloren gegangenen Werk von Josef basierte. Im 11. Jahrhundert wurde der Abakus im gesamten westlichen Christentum verbreitet und ermöglichte dort erstmals schnelle und exakte mathematische Berechnungen. Als der Abt Odilo von Cluny – der Nachfolger von Mayeul, der in La Garde-Freinet gefangen genommen wurde – im Jahr 1049 auf dem Sterbebett lag, wollte er wissen, wie viele Messen er in seinen 55 Jahren als Abt gelesen hatte. Mithilfe des Abakus konnte ein Mönch diese Aufgabe innerhalb von Sekunden lösen.

Das dritte Beispiel ist das Papier. Nach islamischen Quellen wurde das Geheimnis der Papierherstellung chinesischen Kriegsgefangenen abgerungen, die zur Frühzeit der Abbasiden in einer Schlacht bei Samarkand gefangen genommen worden waren. Unabhängig davon, ob diese Geschichte stimmt, gilt es als gesichert, dass Papier in Bagdad schon vor dem Ende des 8. Jahrhunderts produziert wurde. Es lässt sich zurückverfolgen, wie es von dort aus über die nächsten zwei Jahrhunderte nach Syrien, Ägypten und Nordafrika verbreitet wurde. Unter den verschiedenen Papiersorten, die damals in einer Sammlung von Handwerkstechniken aufgezeichnet wurden, findet sich auch eine besonders leichte Sorte, die „Vogelpapier" genannt wurde, da sie so dünn war, dass man sie sogar per Brieftaube versenden konnte: das erste bekannte Luftpostpapier. In al-Andalus wurde die Stadt Játiva nahe Valencia zum wichtigsten Zentrum der Papierherstellung.

Von hier aus verbreitete sich das Gewerbe über das christliche Spanien. Spätestens seit dem 12. Jahrhundert wurde Papier auch in Katalonien hergestellt. Im Jahr 1196 beobachteten Zeugen in Barcelona, wie der letzte Wille eines verstorbenen Staatsangestellten zusammen mit einem weiteren persönlichen Dokument in „das papierne Buch" (*libro de paperio*) übertragen wurde.[10] Nachdem König Jakob I. von Aragón Játiva im Jahr 1244 erobert hatte, wurde die Papierherstellung dem König unterstellt, sodass man statt Pergament nun hauptsächlich Papier als Schreibmaterial einsetzen konnte.

Die Araber lernten diese und viele andere technische Verfahren auf ihren Eroberungsfeldzügen kennen, übernahmen sie und verbreiteten sie in der islamischen Welt, von wo sie schließlich das christliche Territorium erreichten. Ähnliches gilt für das Gelehrtenwissen der Antike. Wie bereits erwähnt, schritt die Wissensvermittlung aus dem Griechischen über die syrische in die arabische

Sprache im 8. und 9. Jahrhundert schnell voran. Dadurch wurden zwei Prozesse ausgelöst. Zum einen war dies die Erweiterung und Verfeinerung dieses gesammelten Wissens durch islamische Gelehrte, zum anderen war es die Verbreitung des Wissens über den ganzen *Dar al-Islam*.

Drei Namen sollen hier exemplarisch für die Verbreitung und Ausarbeitung dieses Wissens hervorgehoben werden. Al-Kindi (ca. 800–867) war der erste bekannte islamische Philosoph. Als hochrangiger Beamter in Bagdad und Berater der Kalifenfamilie verfasste er Schriften zu verschiedenen Wissensgebieten – darunter Mathematik, Astronomie, Astrologie, Chemie, Metallurgie und Traumdeutung. Als Gelehrter wurde er jedoch bekannt, weil er als erster Muslim die Beziehung zwischen griechischer, vor allem aristotelischer Philosophie und der Offenbarung, wie sie im Koran beschrieben wird, thematisierte und in Einklang zu bringen versuchte.

Ibn Sina, im Westen bekannter unter seinem lateinischen Namen Avicenna (980–1037), war ebenfalls ständiger Besucher bei Hof und Berater der Prinzen. Er lebte jedoch in unruhigeren Zeiten als al-Kindi, und seine Karriere verlief eher ungewöhnlich. Als Philosoph interessierte er sich für dieselben fortbestehenden Konflikte zwischen Vernunft und Offenbarung. Sein wichtigstes Werk, das *Kitab ash-Shifa*, „das Buch der Heilung [von der Ignoranz]", war eine Art Enzyklopädie zu Stichworten wie Logik, Physik, Mathematik und Metaphysik. Es bezog sich hauptsächlich auf Plato, Aristoteles und die Neoplatonisten. Ibn Sina war außerdem ein anerkannter Arzt, der sich auf die medizinischen Schriften der Antike stützte, wie sie von Claudius Galen zusammengefasst worden waren. Sein *al-Qanun* (Kanon der Medizin) galt noch Jahrhunderte nach seinem Tod als medizinisches Standardwerk.

Galens Zeitgenosse al-Biruni (973–1048) war ein Mann von außerordentlichen wissenschaftlichen Kenntnissen und Fähigkeiten. Als Berater des Prinzen reiste er unter anderem nach Indien und lernte dort Sanskrit. Dadurch konnte er seinen Glaubensbrüdern den Hinduismus näher bringen, insbesondere durch seine Enzyklopädie *Kitab al-Hind* (Buch von Indien). Er verfasste ferner Schriften zur Astronomie, Botanik und Pharmakologie. Wie weit die islamischen Gelehrten ihren Vorgängern voraus waren, zeigt auch, dass er etwa fünfmal so viele medizinisch wirksame Pflanzen beschrieb wie Dioskurides, der größte Pflanzenkundler der Antike, 1000 Jahre zuvor. Als findiger Hersteller wissenschaftlicher Instrumente stellte al-Biruni im Jahr 1018 in der Nähe des heutigen Islamabad Beobachtungen an, um Radius und Umfang der Erde zu berechnen. Seine Ergebnisse waren erstaunlich genau, sie weichen nur 15 beziehungsweise 200 Kilometer von heutigen Schätzungen ab.

Die kulturelle Entwicklung in der islamischen Welt zeigt sich besonders deutlich auch in der Rezeption östlicher Lehren im äußersten Westen, die dessen frühere Unzivilisiertheit in relativ kurzer Zeit vergessen ließ. Fès wurde Anfang des 9. Jahrhunderts gegründet und erwarb sich schnell den Ruf einer Bildungsstätte, ebenso wie Córdoba im 10. Jahrhundert unter der Herrschaft der Omaijaden. Einer der Omaijaden-Herrscher war als Liebhaber von Büchern bekannt, die sogar aus fernen Regionen wie dem Iran herangeschafft wurden. In Córdoba beschäftigte er mehrere Kalligrafen, um die erworbenen Bücher so schnell wie möglich vervielfältigen zu lassen. Die königliche Schirmherrschaft war stets einer der wichtigsten Faktoren im Rahmen der kulturellen Entwicklung. Auch eine Außenstelle für diplomatische Kontakte konnte ein solcher Faktor sein. Im Jahr 949 überreichte Byzanz dem Hof von Córdoba eine luxuriös ausgestattete Ausgabe der Schriften von Dioskurides. Dioskurides war bereits ins Arabische übersetzt worden, aber diese Übersetzung hatte offenbar noch nicht ihren Weg nach al-Andalus gefunden. Es gab kaum Gelehrte in Spanien, die der griechischen Sprache mächtig waren, also bat man Konstantinopel um Hilfe. Im Jahr 951 wurde daraufhin ein griechischer Mönch namens Nicholas nach Spanien gesandt. Außerdem suchte man einen muslimischen Gelehrten, der griechisch sprach, und wurde auf Sizilien fündig. Diese beiden erläuterten den Text einer Gruppe spanischer Gelehrter, die sich aus äußerst interessanten Mitgliedern zusammensetzte. Unter ihnen waren einheimische, andalusische, islamische Gelehrte wie Ibn Juljul, der später einen Kommentar zum Werk von Dioskurides herausgab, der bekannte jüdische Arzt und Höfling Hasday ibn Shaprut und der mozarabische Bischof Recemund von Elvira (der nach Deutschland reiste), selbst Autor des so genannten *Kalenders von Córdoba*, einem Werk über Landwirtschaft und Botanik. Es handelte sich also um eine wahrlich internationale und interkonfessionelle Gruppe von Gelehrten.

Ihre Studien und Diskussionen führten zu einer informellen „Schule" wissenschaftlicher Botaniker, die im Spanien des 11. Jahrhunderts aktiv waren. Sie standen häufig in direkter Verbindung zu den Botanikern in den Gärten, die von der Elite der islamischen Welt so hoch gelobt wurden. Die Gärten besaßen neben ihrer eigentlichen Rolle als Orte der Erholung, an dem sich die Sinne erfreuen und man einen Vorgeschmack auf das Paradies bekommen sollte, auch die wichtige Funktion eines natürlichen Medizinschränkchens.

Diplomatie, Pilgerfahrten, Handwerkstechniken, Ideen und Konzepte – zu diesen unterschiedlichen Arten der Interaktion zwischen Christentum und der islamischen Welt kommt noch eine weitere hinzu: der Handel. Studien über den Handel im frühen Mittelalter sind untrennbar mit dem Namen des berühmten belgischen Historikers Henri Pirenne (1862–1935) verbunden. Im Rahmen der Untersuchung der Entwicklung von der römischen zur mittelalterlichen Weltordnung schrieb Pirenne den ökonomischen Auswirkungen des aufblühenden Islam eine zentrale Bedeutung zu. Seine Theorien schrieb er zunächst in einem Internierungslager nieder, in das ihn die deutschen Besatzungsstreitkräfte in Belgien 1916 eingewiesen hatten. Er hielt dort für seine Mitgefangenen Seminare über die Wirtschaftsgeschichte Europas ab, in denen die berühmte „Pirenne-Theorie" bereits zu erkennen war. Pirenne entwickelte seine Thesen nach dem Ersten Weltkrieg in einer Reihe von Artikeln und Büchern weiter, die er in den 20er-Jahren des vergangenen Jahrhunderts veröffentlichte, bis er sie schließlich in einem Buch zusammenfasste, das erst kurz vor seinem Tod erschien. Es wurde 1939 in englischer Übersetzung unter dem Titel *Mohammed and Charlemagne* veröffentlicht. In deutscher Übersetzung erschien es mit dem Titel *Geburt des Abendlandes,* später unter dem Titel *Mohammed und Karl der Große.*

Seine wichtigste These war im Grunde ganz simpel. Die römische Ordnung basierte auf einer Infrastruktur von Handelsstädten im Mittelmeerraum, die durch die germanischen Invasionen im 5. Jahrhundert kaum beeinträchtigt wurde. Zu größeren Veränderungen kam es erst im 7. Jahrhundert, und diese wurden durch den Islam ausgelöst. Indem sie den Mittelmeerraum übernahmen und andere Mächte aus dem Markt drängten, warfen die Muslime das Christentum quasi auf sich selbst zurück.

Ohne Zugang zur urbanen Wirtschaft des Südens entwickelte sich eine durch das Frankenreich geprägte, europäische Kultur, die „unentwickelt", strukturschwach und feudalistisch war. Einer der bekanntesten Aussprüche von Pirenne lautet dazu: „Es ist daher völlig richtig, zu sagen, dass Karl der Große ohne Mohammed nicht denkbar gewesen wäre."[11]

Die Pirenne-Theorie ist seit 80 Jahren Gegenstand des wissenschaftlichen Diskurses. Sie enthält eine wichtige und unwiderlegbare Wahrheit. Die Ausbreitung des Islam in den Mittelmeerraum hat diesen tatsächlich gespalten, hat das Römische Reich zu einem Schatten seiner selbst werden lassen, hat die Bedingungen geschaffen, die eine nordwestliche Migration der christlichen Kultur und das Aufkeimen einer Zivilisation an den Küsten der Nordsee ermöglichte. All dies ist unbestreitbar. Dagegen sind Details der Theorie Pirennes nicht überzeugend. Wissenschaftliche Disziplinen wie mittelalterliche Archäologie oder Numismatik steckten zu Pirennes Zeit noch in den Kinderschuhen und haben die vorhandene Datenmenge vervielfacht. Ausgrabungen wie etwa in Marseille haben gezeigt, dass die wirtschaftliche Umverteilung im Mittelmeerraum bereits deutlich vor dem Auftauchen des Islam begann.

Genauere Untersuchungen der schriftlichen Belege lassen die Historiker heute zögern, daraus vorschnell dieselben Schlüsse zu ziehen wie Pirenne. Sein Umgang mit hagiographischen Texten erscheint heute angesichts der differenzierten Absichten und Strukturen, die jüngere Studien hervorgebracht haben, zu simpel und einseitig. Möglicherweise hat Pirenne sich durch seine Annahmen und Erwartungen in die Irre führen lassen. Als Mitglied der *haute bourgeoisie*, die durch Belgiens Industrielle Revolution aufgeblüht war, hatte Pirenne keinerlei Interesse an Ackerbau in ländlichen Regionen.

Diese Unkenntnis führte zu Fehleinschätzungen über die wirtschaftlichen Verhältnisse der fast ausschließlich landwirtschaftlich geprägten Gesellschaften der Antike und des frühen Mittelalters. Kurz gesagt, die Wirtschafts- und Gesellschaftsgeschichte des frühen europäischen Mittelalters erscheint heute komplexer, nuancierter und vielschichtiger als in der Darstellung der schlichten Wahrheiten von Pirenne.

Der Islam des Mittleren Ostens übte einen Sog auf seine Nachbarn aus, der durch den steigenden Bedarf an Gebrauchsgütern verursacht wurde. Die explosionsartige Ausdehnung Bagdads – vermutlich die am schnellsten wachsende Stadt aller Zeiten – und die darauf folgende Gründung weiterer Palaststädte wie Samarra am Tigris erforderte ein Heer von Sklaven für Bau- und Haushaltstätigkeiten.

Sklaven wurden daher überall gesucht, in Ostafrika, Zentralasien und in der nördlichen Wildnis, die später Russland heißen sollte. Die wichtigsten Zulieferer dort waren skandinavische Händler und Abenteurer, die in den Quellen *Rus* oder *Rhos* genannt werden. Ein muslimischer Staatsangestellter mit Namen Ibn Fadlan hinterließ eine lebhafte Beschreibung dieser Menschen, die er im Jahr

922 im Zug seiner Mission zu einem türkischen Oberhaupt an der oberen Wolga kennen lernte.

Als sie ankamen und Anker warfen oder ihre Schiffe am Ufer der Wolga, einem großen Fluss, vertäuten, errichteten sie dort große Häuser aus Holz, die etwa zehn bis 20 Personen Platz boten ... Wenn die Schiffe angelegt haben, gehen alle mit Brot, Fleisch, Zwiebeln, Milch und Bier von Bord und begeben sich zu einem langen, aufrecht stehenden Stamm, der ein menschliches Antlitz zu tragen scheint und von kleinen Figuren umgeben ist, hinter denen lange Pflöcke im Boden stecken. Der Rus kniet vor der großen Schnitzerei nieder und spricht: „Oh Gott, mein Herr, ich bin von weither gekommen und habe soundsoviele Frauen und soundsoviele Zobelfelle...", und dann fährt er fort, all seine Waren aufzuzählen.

Dann sagt er: „Ich bringe dir diese Gaben", und er legt nieder, was er mitgebracht hat, und dann endet er mit den Worten: „Ich bitte dich, mir einen Kaufmann zu schicken, der viele Dinar und Dirham besitzt und der mir abkauft, was immer ich wünsche."[12]

Sklaven verstärkten die Arbeitskraft in den islamischen Gebieten, exotische Felle kennzeichneten die führende Schicht während der kalten iranischen Winter. Sie wurden in Silbermünzen, Dinar und Dirham des abbasidischen Islam bezahlt. In russischen und skandinavischen Münztruhen entdeckte man Tausende solcher Münzen, unwiderlegbare Beweise für die Richtigkeit von Ibn Fadlans Bericht. Ein Teil des Silbergeldes wurde in neue Unternehmungen investiert, vor allem in den Handel mit den Völkern Westeuropas. Es ist kein Zufall, dass die Verstädterung im Westen das größte Ausmaß seit der Römerzeit dort erreichte, wo skandinavische Händler verkehrten und sich niederließen: in Rouen, Lincoln, York und Dublin. So löste der aufstrebende Islam des Mittleren Ostens indirekt die Entwicklung einer westeuropäischen Bourgeoisie aus. Soweit es Nordeuropa betrifft, ist Pirennes Hypothese also widerlegt.

Pirennes Einschätzung, dass der Mittelmeerraum eine Art islamischer See wurde, von dem die christlichen Kaufleute ausgeschlossen wurden, war sicherlich übertrieben. Der oben erwähnte, präislamische Wirtschaftswandel gründete auf dem Bevölkerungsrückgang, der durch die Pest ausgelöst wurde – allerdings ist auch dieser Ansatz nicht unumstritten. Der Fernhandel im Mittelmeerraum verschwand, Städte schrumpften, Gewerbe starben aus.

Selbst Konstantinopel litt, öffentliche Gebäude verfielen und große Gebiete innerhalb der Stadtmauern aus dem 5. Jahrhundert wurden für Gartenbau und Schaf- beziehungsweise Ziegenzucht verwendet. Die Rezession dauerte an, die Talsohle wurde im 8. Jahrhundert erreicht, und ein leichter Aufschwung wurde erst im 9. Jahrhundert spürbar. Dennoch brachen die kommerziellen Beziehungen zwischen christlichen und muslimischen Ländern nie ganz ab. Der Papst ließ während der ganzen Zeit weiterhin Dokumente auf Papyrus produzieren, das aus Ägypten importiert wurde. Körig Alfred der Große aus dem angelsächsischen Königtum von Wessex (871–899) übergab seinem Biografen und Freund, dem walisischen Priester Asser, „so viel Weihrauch, wie ein starker Mann tragen kann"[13]. Der Weihrauch kam aus Ostafrika oder Indien und wurde wahrscheinlich über das Mittelmeer nach Westen transportiert.

Im 10. und 11. Jahrhundert wurde der Handel zwischen christlichen und muslimischen Kaufleuten wieder lebendiger. Zwei italienische Städte waren besonders wichtige Anlaufpunkte für importierte Güter aus der islamischen Welt: Amalfi, südlich von Neapel gelegen, und Venedig im Nordosten. Die Amalfiküste prosperierte, weil ihre Bewohner das Beste aus einer schlechten Situation gemacht und sich mit den muslimischen Plünderern des 10. Jahrhunderts verbündet hatten. Belohnt wurden sie dafür in Form von Handelsprivilegien. Die Kaufleute verdienten viel Geld damit, Luxusgüter zu importieren, nach denen es die feudale Aristokratie des Westens gelüstete – Seide, Gewürze, Elfenbein. Kein Wunder, dass Ibn Hawqal von „der reichsten Stadt der Lombardei" sprach.[14] Venedig, das im frühen Mittelalter aus dem Wasser emporgewachsen war, dem es seine Unangreifbarkeit verdankte, war nominell Teil des Byzantinischen Reiches, tatsächlich im 10. Jahrhundert aber ein unabhängiger Stadtstaat. Als reine Handelsstadt war Venedig einzigartig in der christlichen Welt: „Das Volk pflügt, sät und erntet nicht",[15] so der überraschte Kommentar eines Besuchers im 11. Jahrhundert. Die venezianischen Kaufleute handelten günstige Konditionen mit Konstantinopel aus, trieben aber ebenso Handel mit den Kaufmännern des Islam. In einer Mitteilung aus dem frühen 11. Jahrhundert heißt es:

Jeder Venezianer, der nach Pavia [in der Lombardei] kommt, muss einmal pro Jahr je ein Pfund Pfeffer, Zimt, Galgant und Ingwer an den Schatzmeister abtreten. Seiner Frau übergeben sie einen Elfenbeinkamm und einen Spiegel und einen Satz Kosmetik-Accessoires.[16]

Es handelt sich um typische Produkte der islamischen Welt, die die Venezianer höchstwahrscheinlich in Ägypten erworben hatten. Aber was verkauften sie? Gesicherte Erkenntnisse gibt es nicht, allerdings wurden Sklaven, Bauholz und Salz in Kairo ständig benötigt.

In den Jahren 750–1000 herrschten rege Kontakte zwischen Christentum und Islam. Teilweise waren diese gewalttätig und zerstörerisch, an anderer Stelle harmonisch und fruchtbar. An dem geschäftigen Austausch waren Krieger, Diplomaten, Bekehrte, Kaufleute, Pilger, Gelehrte, Künstler, Handwerker und Sklaven beteiligt. Noch immer zeigten beide Seiten aber geradezu auffällig wenig Interesse an der Religion der jeweils anderen. Die Christen pflegten eine dumpfe Feindschaft gegenüber den häretischen Ismaeliten, während die Muslime die Christen als reiche Quelle für wissenschaftliches Fachwissen und Bedarfsgüter ansahen, sie ansonsten aber verachteten. (Die Intellektuellen von al-Tabari im Bagdad des

9. Jahrhunderts waren wohl die Ausnahme, die die Regel bestätigt.) Christen und Muslime lebten quasi Seite an Seite in einem
Zustand religiöser Aversion.

Wäre es unter diesen Bedingungen zu religiösem Fanatismus
gekommen, hätte dies wahrscheinlich gewalttätige Übergriffe
nach sich gezogen.

III
Grenzen überwinden

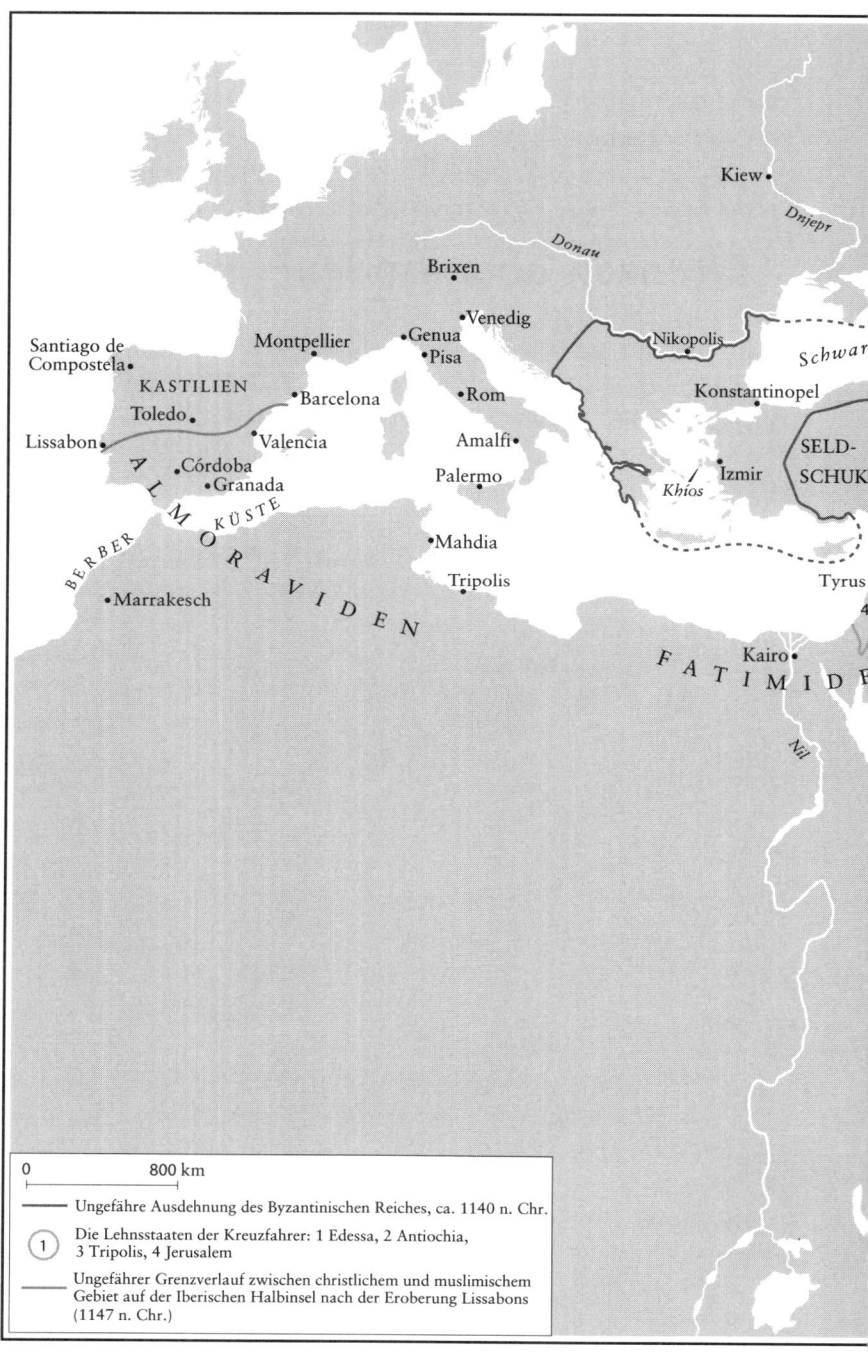

Kiew•

Dnjepr

Donau

Brixen•

•Venedig

Santiago de
Compostela•

Montpellier•

•Genua
•Pisa

Nikopolis•

Schwar

KASTILIEN

•Barcelona

•Rom

Konstantinopel•

Toledo•

Lissabon•

•Valencia

Amalfi•

Izmir•

SELD-
SCHUK

A L M O

•Córdoba
•Granada

Palermo•

Khíos

B E R B E R

K Ü S T E

R A V I D E N

•Mahdia

Tyrus

•Marrakesch

Tripolis•

4

F A T I M I D

Kairo•

Nil

0	800 km

——— Ungefähre Ausdehnung des Byzantinischen Reiches, ca. 1140 n. Chr.

(1) Die Lehnsstaaten der Kreuzfahrer: 1 Edessa, 2 Antiochia,
3 Tripolis, 4 Jerusalem

——— Ungefähre Grenzverlauf zwischen christlichem und muslimischem
Gebiet auf der Iberischen Halbinsel nach der Eroberung Lissabons
(1147 n. Chr.)

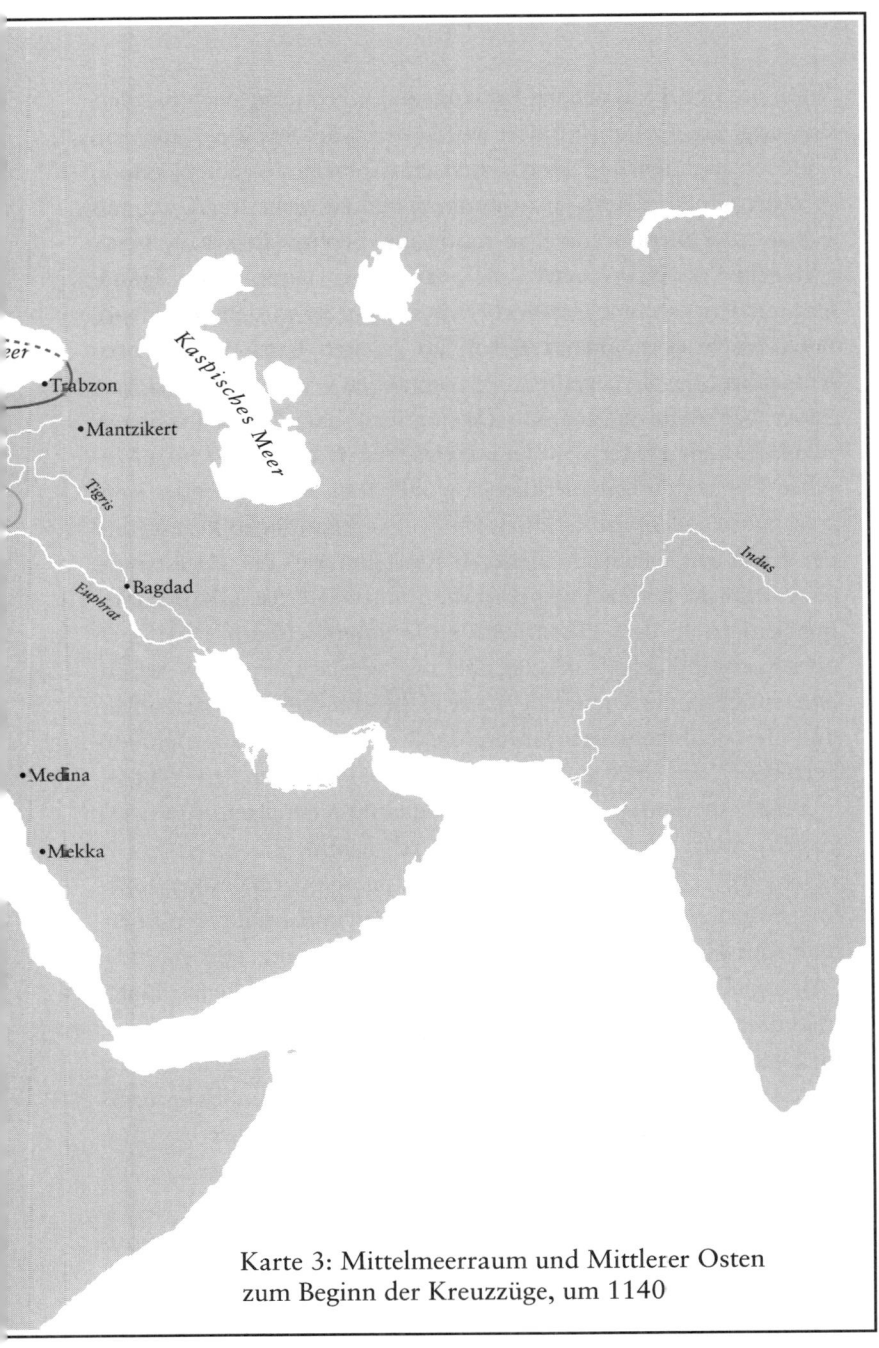

Karte 3: Mittelmeerraum und Mittlerer Osten
zum Beginn der Kreuzzüge, um 1140

Während der erfolgreichen Feldzüge der „Byzantinischen Rückeroberung" im 10. Jahrhundert wurde den Soldaten, die Armenien,
Südost-Anatolien und Nordsyrien einnahmen, der Befehl erteilt,
Abschriften des Koran einzusammeln und zu verbrennen. Damals
gab es im Zentrum von Konstantinopel bereits längere Zeit eine
„Moschee der Sarazenen"[1], die auswärtigen Diplomaten, Händ-
lern und Kriegsgefangenen vorbehalten blieb. Sie wird in dem Handbuch beschrieben, das von dem im zweiten Kapitel erwähnten
Konstantin Porphyrogenitus herausgegeben worden war. Der Verfasser war sogar mit dem korrekten griechischen Namen vertraut:
magisdon, abgeleitet von dem arabischen Wort *masijd* für „Moschee". Es bestand ein merklicher, wohl kaum überraschender Kontrast zwischen der intoleranten Haltung der Landbevölkerung und
der etwas entgegenkommenderen Einstellung in der Hauptstadt.
Es war für die Erforschung der byzantinischen Gesellschaft immer
problematisch, dass Historikern so umfangreiche Informationen
über Konstantinopel vorlagen, aber nur wenige über die Provinzen.
Ist es möglich, auf irgendeine Weise mehr über die Voraussetzungen
und Gewohnheiten zu erfahren, die in grenznahen Gebieten vor-
herrschten, wo Christen und Muslime quasi Seite an Seite lebten?

Eine bemerkenswerte Dichtung, benannt nach ihrem Autor Digenis Akritas, erlaubt vorsichtigen Optimismus.

Das Werk, das auch als Epos, Proto-Roman oder Balladensamm-
lung bezeichnet wird, feiert die kriegerischen und amourösen Aben-
teuer des Helden Basileios, auch genannt Digenis, „der zweimal
Geborene", oder Akritas, was so viel bedeutet wie „Grenzsoldat",
„Grenzschützer" oder „Verteidiger der Grenzgebiete". Die Hand-
lung spielt viele hundert Kilometer von Konstantinopel entfernt im
entlegenen Osten. Das Werk ist ebenso problematisch wie merk-
würdig. In der überlieferten schriftlichen Form wurde es wahrscheinlich um 1100 verfasst. Man sollte also davon ausgehen können, darin einige typische Haltungen jener Epoche wiederzufin-
den. Basileios' Name, „der zweifach Geborene", leitet sich daraus

ab, dass er der Sohn eines „nichtjüdischen [das heißt muslimischen]
Vaters und einer römischen [das heißt byzantinischen] Mutter"[2]
war. Tatsächlich war sein Vater ein syrischer Emir, der Basileios'
Mutter bei einem Vorstoß in das Römische Reich raubte. Ihre Familie erlaubte ihm später die Heirat mit ihr, unter der Bedingung,
dass er zum Christentum konvertiere. Die interkulturelle Liebes-
geschichte ist ein zentrales Thema dieser Dichtung: Männer und
Frauen wechseln aus Liebe ihre Konfession. Kulturelle Loyalität
scheint kein vordringliches Element zu sein.

Ein Beispiel hierfür findet sich in Buch V, in dem der Held selbst
das Wort ergreift. Als junger, allerdings bereits verheirateter Mann,
der im Grenzgebiet lebt, erfasst ihn eines Tages „der Wunsch, ins
Innere Syriens zu reisen"[3]. In einer Oase lernt er ein wunderschö-
nes, trauriges Mädchen kennen. Es erzählt ihm seine Geschichte.
Die Tochter von „Haplorrabdes, dem Emir aller Dinge"[4], hatte
sich in einen römischen Gefangenen ihres Vaters verliebt und war
mit ihm geflohen. Er jedoch hatte sie bei dieser Oase zurückgelas-
sen, wo sie nun schon seit zehn Tagen wartete. Ein Durchreisender,
der auf dem Weg war, seinen Sohn aus der Gefangenschaft der
Araber zu befreien, habe ihr erzählt, dass er ihren Liebhaber fünf
Tage zuvor gesehen habe, als er von einem bekannten Banditen namens Mousour angegriffen worden sei, jedoch von dem tapferen
jungen Mann aus dem Grenzland (Digenis Akritas) gerettet wurde.

Hier wird ihre Unterhaltung durch einige angreifende Araber
unterbrochen, die unser Held in die Flucht schlägt. Anschließend
erklärt er dem Mädchen, dass er tatsächlich der besagte Digenis
Akritas ist, der Mousour erschlug und ihren Liebhaber rettete. Er
bietet ihr an, sie zu ihm zurückzubringen, damit die beiden heiraten
könnten, „wenn du unseren gemeinsamen Glauben ablehnst"[5]. Sie
erwidert, dass sie auf Bitte ihres Geliebten bereits zum Christentum konvertiert sei, „denn nie könnte ich, die von Verlangen beherrscht wird, seinen Worten widerstehen"[6]. Sie machen sich gemeinsam auf den Weg. Im Verlauf der Reise wird sie von Basileios

(Digenis) verführt, allerdings gegen ihren Willen, weswegen diese Begebenheit vermutlich einer Vergewaltigung sehr nahe kommt. Basileios schämt sich hinterher für sein Verhalten. Er bringt die beiden Liebenden wieder zusammen und ermahnt den Mann, seiner Liebsten treu zu sein (!). Danach kehrt er, von seinem schlechten Gewissen geplagt, zu seiner Ehefrau zurück, die ihm vorschlägt, mit ihr zusammen auszuwandern. (Später, in Buch VII, wird von dem herrlichen Palast erzählt, den Basileios für sich am Euphrat errichtet, also jenseits der Ostgrenzen des Reiches.)

In der Welt, die in dieser Dichtung beschriebenen wird, reisen die Menschen häufig in andere Kulturkreise, um sich dort zu zerstreuen oder jemanden zu retten. Ihnen ist die Liebe wichtiger als der Glaube. Die größten Feinde sind nicht die Ungläubigen, sondern Räuber und Diebe. Tatsächlich wird Basileios von den Muslimen respektiert: Zu seiner Beerdigung (Buch VIII) finden sich Edelmänner aus Bagdad und Babylon ein. Nur einmal in der ganzen Dichtung denkt Basileios über den heiligen Krieg nach, als er mit Gottes Hilfe „den Frechheiten der Hagarenen ein Ende machte"[7]. Selbst dies geschieht nicht aus religiösem Grund, sondern um die umkämpften Grenzgebiete von Räubern und Wegelagerern zu befreien. Offenbar war dem Autor der islamische Glaube bekannt, denn er äußert sich dazu neutral, nicht feindlich.

Eine Atmosphäre, die der in Digenis Akritas durchaus ähnlich ist, findet sich auch in einem anderen Grenzgebiet am westlichen Mittelmeer. Das 11. Jahrhundert war in al-Andalus eine Zeit der Umwälzungen. Der geeinte, von Córdoba aus regierte, hispanomuslimische Staat, der im 10. Jahrhundert noch so imposant gewesen war, erlebte Anfang des 11. Jahrhunderts umstrittene Erbfolgen, Bürgerkrieg und Zerfall. An seine Stelle traten einige untergeordnete Fürstentümer, die sich hauptsächlich in den Regionen um Sevilla und Valencia bildeten und von Historikern als Taifa-Königreiche bezeichnet werden. (Der Begriff leitet sich von einem arabischen Wort ab, das „Fraktion" oder „Partei" bedeutet.) Aufgrund der Rivalität untereinander waren diese *Taifa* leicht angreifbar. Die Herrscher der christlichen Königreiche in Nord-Spanien, insbesondere die Könige von Léon-Kastilien, und die Grafen von Barcelona lernten sehr schnell, wie man diese Rivalität nutzen konnte. Indem sie den *Taifa*-Führern militärischen Schutz boten, konnten sie im Gegenzug horrenden Tribut verlangen. Der Kapitalfluss, der im Spanien des 11. Jahrhunderts von islamischen in christliche Hände strömte, sollte noch weit reichende Folgen haben.

Nicht nur die Könige als Schutzherren profitierten von diesem Geschäft. Der berühmteste Spanier aller Zeiten, Rodrigo Díaz, besser bekannt als El Cid, war ein Edelmann aus Kastilien, der im 11. Jahrhundert als Söldner Karriere machte. Zu seinen Lebzeiten war sein Ruf nicht so legendär wie später, er war also kein patriotischer Kreuzzügler, der sein Vaterland von den Mauren befreien wollte. Ganz im Gegenteil: Als brillanter und vom Glück gesegneter Führer verkaufte er seine Dienste sowohl an Christen als auch an Muslime, bis er später sein eigenes *Taifa*-Fürstentum nahe Valencia erhielt.

Sein Leben wurde nicht lange nach seinem Tod von einem unbekannten Autor aufgezeichnet, der relativ genau arbeitete und sich nicht davon überrascht zeigte, dass seine Hauptfigur sowohl in Diensten des Christenkönigs Alfons VI. von Léon-Kastilien als auch des muslimischen Emirs von Saragossa stand. Der historische Rodrigo Diaz operierte wie der literarische Basileios in Grenzgebieten, in denen die Loyalität durchaus wechseln konnte.

Es gibt detaillierte schriftliche Belege aus dieser Zeit über die Beziehungen zwischen christlichen und muslimischen Adligen in Spanien, die in der Autobiografie von einem der *Taifa*-Herrscher niedergelegt sind. Die Biografie beschreibt das Leben von Abd Allah, dem Emir von Granada in der Zeit zwischen 1073 und 1090, ein hochinteressantes Werk, das viel über das gesellschaftliche und politische Leben im al-Andalus des 11. Jahrhunderts erzählt und seinen Verfasser als überaus menschliche Persönlichkeit darstellt – gelöst, engagiert, ein guter Erzähler, der seine Schwächen zugibt und vielleicht etwas zurückhaltend ist. Mehrmals schildert der Erzähler lebhafte Diskussionen mit Alfons VI. oder seinen Abgesandten. Der folgende Bericht beschreibt eine Verhandlung aus dem Winter 1089–1090:

Alvar Fáñez [ein General des Königs und Verwandter von El Cid] war mit der Verwaltung der Regionen um Granada und Almería betraut worden. Er entschied, ob man die [muslimischen] Oberhäupter, die ihren Verpflichtungen nicht nachgekommen waren, angriff oder das Geld eintrieb oder dort eingriff, wo dies dem eigenen Vorteil diente. Alvar Fáñez schickte mir zunächst eine Depesche, in der er drohte, in Guadix einzumarschieren, und dass nur die Zahlung eines Lösegelds ihn davon abhalten könne. Ich fragte mich: „Wen kann ich um Hilfe bitten? Wie kann ich ihn von mir fern halten, wenn ich doch keine Truppen zu meiner Verteidigung habe?" [Es folgen noch weitere angstvolle Fragen.] Ich entschied, Alvar Fáñez durch die Zahlung einer kleineren Summe zu beschwichtigen und ihn gleichzeitig dazu zu überreden, von meinen Städten Abstand zu halten, sobald er dieses Geld bekommen habe.

Er versprach, sich an diese Abmachung zu halten, meinte jedoch nach der Übergabe des Geldes: „Was mich angeht, so bist du sicher, doch es ist von größerer Bedeutung für dich, Alfons zu besänftigen. Wer seinen Forderungen nachkommt, wird in Frieden leben, doch Alfons setzt mich auf diejenigen an, die dies nicht tun."[8]

Hier wird die von Forderungen und Bitten, von Bedrohungen und Einschüchterungen geprägte Atmosphäre sehr anschaulich vermittelt. In dieser Phase befand sich Abd Allah bereits in höchster Alarmbereitschaft und das durchaus zu Recht: Nur wenige Monate später wurde er seines Amtes in Granada enthoben und ins Exil geschickt. Er schrieb seine Memoiren also als Herrscher im Exil – man sollte sich das vor Augen halten, wenn man sie liest. Er wurde allerdings weder von König Alfons noch einer anderen christlichen Autorität abgesetzt. Vielmehr stürzte ihn ein Muslim, der aus Nordafrika einmarschiert war, und so entstanden die Memoiren in Marokko.

Der neue Eroberer hieß Yussuf und nannte sich selbst „Emir der Gläubigen". Er war der Anführer einer, wie man heute sagen würde, fundamentalistischen Gruppierung, die unter dem Namen Almoraviden bekannt ist – abgeleitet von einem arabischen Begriff, der „diejenigen, die sich für die Verteidigung des Glaubens zusammentun" bedeutet – und sich in der zweiten Hälfte des 11. Jahrhunderts im Süden Marokkos gebildet hatte. Die asketischen und intoleranten Almoraviden waren bestürzt, als sie sahen, dass die Muslime im europäischen Spanien gezwungen wurden, Abgaben an Nicht-Muslime zu zahlen, und dass sie trotz des Verbots des Korans Steuern erhoben, um diese Abgaben leisten zu können. Entschlossen, die Regeln des Islam durchzusetzen, drang Yussuf 1086 in Spanien ein, fügte König Alfons eine schwere Niederlage zu, vertrieb die *Taifa*-Herrscher und brachte die Almoraviden an die Macht.

So wurde al-Andalus wieder vereint, dieses Mal jedoch unter einer Regierung, die Nicht-Muslimen feindlicher gegenüberstand als jede andere zuvor.

Während dieser Epoche kam es auch in den Ländern des östlichen Mittelmeerraums zu ähnlichen Umstürzen. Dort handelte es sich bei den Invasoren um die Seldschuken, ein Nomadenvolk aus Zentralasien, das im 11. Jahrhundert westwärts wanderte. Sie betraten eine Welt, die sich seit den glanzvollen Tagen des frühen Abbasiden-Kalifats im 9. Jahrhundert sehr verändert hatte. Damals war der Islam geeint gewesen (abgesehen von dem Flüchtlingsemirat im fernen, westlichen Córdoba), doch inzwischen war er zerfallen – eine späte Konsequenz der Spaltung des Islam zwischen Sunniten und Schiiten (siehe erstes Kapitel). Die Schiiten hatten sich in Nordafrika ausgebreitet, Ägypten unter ihre Kontrolle gebracht und im Jahr 969 in Kairo ein zweites Kalifat errichtet. Die neuen Anwärter auf die geistige Oberhoheit des Islam wurden als Fatimiden-Kalifat bezeichnet, weil die herrschende Dynastie behauptete, von der Prophetentochter Fatima abzustammen. Inzwischen war das Abbasiden-Kalifat in Bagdad, teilweise aufgrund des von ihm selbst mit verursachten Aufstiegs der Fatimiden, durch Palastrevolutionen und Militärputsche geschwächt – die typischen Probleme einer höfischen Herrschaftsordnung. Die Abbasiden repräsentierten zwar noch, aber sie regierten nicht mehr. Aufgrund dieser Umstände waren die Randgebiete des abbasidischen Einflussbereichs, zum Beispiel Syrien und Palästina, sich selbst überlassen und zerfielen in mehrere unabhängige Emirate – den *Taifa*-Staaten von al-Andalus nicht unähnlich –, die angreifbar waren und natürlich von den mächtigeren Nachbarn begehrt wurden. Einer dieser Nachbarn war das Fatimiden-Kalifat, das im 11. Jahrhundert versuchte, sein Herrschaftsgebiet auf Syrien und Palästina auszuweiten.

Ein anderer Nachbar war das Byzantinische Reich. Im 10. Jahrhundert hatte sich die Führungsschicht des Reiches geduldig an die veränderten Umstände angepasst und sich aus dem Teufelskreis von militärischer Gewalt, wirtschaftlicher Stagnation und kulturellen Zwistigkeiten befreit, der die vorangegangenen drei Jahrhunderte bestimmt hatte. Die nun finanziell gesundeten, selbstbewussten und gierigen Herrscher beschlossen, ihr einstiges Territorium zurückzuerobern. Schließlich waren sie die Anführer des von Gott auserwählten Volkes, dessen heilige Pflicht es war, einen gerechten und heiligen Krieg um die rechtmäßigen christlichen Gebiete zu führen. Ihre Führer nutzten die Schwäche der Abbasiden in Syrien aus. Im Jahr 969 – demselben Jahr, in dem das ägyptische Fatimiden-Kalifat gegründet wurde – besetzten byzantinische Heere die dem Christentum verbundene Stadt Antiochia. Unter Basileios II. (976–1025) erlebte sie ihre größte Ausdehnung seit prä-islamischer Zeit.

In diese unsichere und instabile Welt drangen nun die Seldschuken ein. Eine entscheidende Bedeutung kam dabei der Tatsache zu, dass sie sich im Zuge ihrer Wanderung zum sunnitischen Zweig des

Islam bekannten. Dadurch sahen sie sich selbst als loyal gegenüber dem Abbasiden-Kalifat in Bagdad und fühlten sich verpflichtet, den orthodoxen, sunnitischen Islam zu stärken und gegen seine Rivalen zu verteidigen. Der wichtigste Konkurrent war natürlich das häretische Fatimiden-Kalifat in Ägypten, daneben zählten auch das christliche Byzanz und die kleineren arabischen, byzantinischen, beduinischen und armenischen Emirate im Nord-Irak und in Syrien dazu.

Die Seldschuken waren ausgezeichnete Kämpfer, die wegen ihrer Fähigkeiten als Bogenschützen gefürchtet waren. Ihre Überfälle auf das byzantinische Kleinasien – keine geplante Invasion, sondern gelegentliche Raubzüge und Plünderungen – wurden in Konstantinopel als Affront betrachtet, der bestraft werden musste.

Der Vergeltungsfeldzug endete jedoch in einem Fiasko. Im Jahr 1071 wurde das byzantinische Heer unter Kaiser Romanos bei Manzikert, nahe des Van-Sees in der heutigen Osttürkei, vernichtend geschlagen. Der Kaiser selbst wurde gefangen genommen. Zunächst hatte dies kaum Folgen. Der Sultan der Seldschuken behandelte Romanos zuvorkommend und ließ ihn gegen ein großzügiges Lösegeld und die Abtretung einiger kleinerer Stützpunkte wieder frei. Langfristig waren die Konsequenzen der Schlacht von Manzikert aber so tiefgreifend, dass man sie als eine der entscheidenden Schlachten der Weltgeschichte bezeichnen muss. Sie ebnete den Weg für die Eroberung Kleinasiens durch die Türken. Die Regierung von Konstantinopel zeigte sich konsterniert und bat das westliche beziehungsweise Lateinische Kaiserreich um militärische Unterstützung. Dies löste die Kreuzzüge aus, die wiederum zu der fatalen Schwächung des Reiches von Byzanz führten. Der Fall Konstantinopels an die osmanischen Eroberer im Jahr 1453 war somit ein Ergebnis der Schlacht von Manzikert 400 Jahre zuvor.

Es war eine alte Tradition römisch-byzantinischer Politik, Söldnertruppen aus dem Ausland anzuheuern. Dabei konnte es sich um Gruppen handeln, die mit ihrem Anführer für kurze Zeit gebunden wurden, aber auch um langfristige Verträge mit Einheiten, die direkt der Regierung unterstellt waren, wie zum Beispiel die berühmte Varanger-Garde, die in Skandinavien und England rekrutiert wurde. Als Kaiser Alexios I. im Jahr 1095 Papst Urban II. öffentlich um militärische Hilfe bat, war dies also nichts Neues oder Außergewöhnliches. Es lässt sich deshalb ungefähr abschätzen, welche Reaktion er erwartete: überschaubare Kampfeinheiten mit gut ausgerüsteten, disziplinierten Soldaten, die er seinen Kommandeuren unterstellen und für spezielle Militäraktionen einsetzen konnte.

Was er dagegen bekam, war ein zwar leidenschaftlicher, aber größtenteils unausgebildeter Haufen Kämpfer, die für kaiserliche Befehle unzugänglich waren, sein Herrschaftsgebiet überrannten und sich bis nach Syrien und Palästina durchschlugen, wo sie im Juli 1099 schließlich Jerusalem eroberten. Wir sprechen heute vom Ersten Kreuzzug, aber die Beteiligten taten dies natürlich nicht. Sie waren sich ja nicht bewusst, dass sie an dem ersten einer ganzen Reihe von Kreuzzügen teilnahmen.

Was aber glaubten sie selbst, dort zu tun? An dieser Stelle sollen nicht die Ursprünge der Kreuzzüge untersucht werden, obwohl dies ein interessantes Thema ist. Wichtig ist hier nur, dass die Worte, die Papst Urban II. im November 1095 auf dem Konzil von Clermont benutzte, bei seinem Publikum auf offene Ohren stießen. Der genaue Wortlaut ist nicht überliefert, da sich die Berichte darüber widersprechen. Man kann jedoch davon ausgehen, dass er verkündete, dass ein bewaffneter Pilgerzug nach Jerusalem nicht nur die Christenbrüder im Osten unterstützen würde, sondern dass die daran Teilnehmenden sich außerdem spirituelle Verdienste und einen Platz im Paradies erwerben würden. Begriffe wie Pilgerfahrt, heiliger Krieg, Bedrohung des Christentums und die göttliche Unantastbarkeit Jerusalems waren nicht neu. Der Papst bündelte diese Begriffe jedoch so, dass sie auf die schlichte Frömmigkeit des westeuropäischen Ritterstands eine unwiderstehliche Anziehungskraft ausübten.

Der Aufruf Papst Urbans II. bewirkte, dass die größte Begeisterung ausgerechnet in der Kriegeraristokratie des nördlichen Frankenlands entstand. Die Menschen dort wussten wenig oder gar nichts über den Islam. Man kann ihre Ansichten nur erahnen, wenn man die Literatur betrachtet, die dort damals gelesen wurde, ebenso wie man die Mentalität in den byzantinischen Grenzgebieten anhand von *Digenis Akritas* zu erklären versucht.

Am ehesten eignet sich dafür das altfranzösische Epos *Chanson de Roland* (Rolandslied), das in einer Abschrift aus der Zeit um 1100 überliefert ist und wahrscheinlich erst kurz zuvor fertig gestellt worden war. Das Werk wurde in der Sprache der Nordfranken verfasst und behandelt Zwistigkeiten und Streit innerhalb der fränkischen Führungsschicht. Tonfall und Stil entsprechen der Aristokratie des 11. Jahrhunderts. Das Gedicht wirft ein Licht auf die Erwartungen der Krieger, die am Ersten Kreuzzug teilnahmen. Es ist sozusagen ein historisches Gedicht, es behandelt die Niederlage der Nachhut des Heeres von Karl dem Großen unter dem Kommando von Roland, der im Jahr 778 am Pyrenäenpass von Roncesvalles von einheimischen Basken besiegt wurde. Der oder die Dichter, die später das Werk überarbeiteten, schrieben die Geschichte jedoch um. Nun waren spanische Muslime die Feinde, die Geschichte drehte sich um Verrat, Roland wurde zum Helden erhoben, und der militärgeschichtlich eher nebensächliche Vorfall bei Roncesvalles wurde zu einer entscheidenden Schlacht zwischen dem Christentum und seinen Feinden stilisiert. Diese Feinde wurden – natürlich fälschlicherweise – als „Heiden" bezeichnet, die in „Synagogen und Tempeln" Götzen wie Mahoun, Apollyon und Tervagant anbeteten (eine Art Parodie auf die christliche Dreieinigkeit). Mehrfach wies der Autor darauf hin, dass „die Christen im Recht und die Heiden im Unrecht"[9] seien. Ferner seien die Heiden nicht vertrauenswürdig, verräterisch und grausam, also natürliche Feinde der christlichen Moralvorstellungen. Sie zu bekämpfen, war daher eine lobenswerte Buße zur Sündentilgung. Im Kampf gegen sie zu sterben bedeutete den Märtyrertod zu erleiden. Dieser Art waren die Auffassungen, mit denen sich die Heere des Ersten Kreuzzugs motivierten.

Dass die Einnahme Jerusalems im Jahr 1099 durch solche Truppen gelang, war reines Glück, denn zum Zeitpunkt der Invasion Syriens befand sich die islamische Welt in einem Zustand völliger Unordnung. Die meisten Kreuzzugsteilnehmer wanderten danach wieder nach Hause. Doch nun musste man mit den eingenommenen Gebieten auch etwas anfangen. Niemand wollte sie an Byzanz zurückgeben. Schon zu Beginn des Feldzugs hatten sich tiefe Risse im Verhältnis zwischen Kreuzrittern und Griechen aufgetan, und die Weigerung, den Wünschen des Kaisers nachzukommen, sollte ihr Übriges tun. Es blieben gerade ausreichend Kreuzritter im Osten, um dort christliche Gemeinden zu gründen. Dabei handelte es sich von Nord nach Süd um die Grafschaft Edessa, das Fürstentum von Antiochia, die Grafschaft Tripolis und das Königreich von Jerusalem. Diese leicht angreifbaren Lehnsstaaten, die von Anfang an unter einem Mangel an Arbeitskräften und finanziellen Mitteln litten, die für eine effiziente Regierung unerlässlich sind, wurden umgehend zu Zielen islamischer Gegenangriffe. Als Erstes fiel Edessa, das 1144 von Zengi, dem Regenten von Aleppo und Mosul im Norden Syriens (eigentlich ein Untergebener des Seldschuken-Sultans, tatsächlich aber ein unabhängiger Sunnit), wieder für den *Dar al-Islam* gewonnen wurde.

Während des Zweiten Kreuzzugs (1147–1149) gelang es nicht, Edessa zurückzuerobern, die Kreuzfahrer- beziehungsweise Lehnsstaaten konnten nicht gestärkt werden, und es kam zu weiterer Scharmützeln zwischen Kreuzrittern und Griechen.

Rückblickend geschahen die wichtigsten Ereignisse in den frühen 70er-Jahren des 12. Jahrhunderts. Zengis Sohn Nur al-Din gewann die Kontrolle über Ägypten mit seiner schier unendlichen Fläche fruchtbarer Böden im Jahr 1169. Sein kurdischer General Salah al-Din, im Christentum besser bekannt als Saladin, festigte die sunnitischen Machtansprüche über die nächsten zwei Jahre und vertrieb 1171 schließlich sogar das verhasste Fatimiden-Kalifat. Nach dem Tod von Nur al-Din im Jahr 1174 folgte ihm Saladin als Herrscher über ein syrisch-ägyptisches Reich nach.

Die islamische Welt des östlichen Mittelmeerraums war einmal mehr geeint und umfasste nun auch die reichste Provinz: Ägypten. Bevor das Erdöl Bedeutung erlangte, galt jahrtausendelang der Satz: Wer Ägypten kontrolliert, kontrolliert das ganze östliche Mittelmeer.

Für die Kreuzfahrer ergaben sich daraus zwei Konsequenzen: Saladin und seine Nachfolger konnten nun den Druck auf die christlichen Lehnsstaaten verstärken. Dies führte schon nach kurzer Zeit zu einem deutlichem Sieg Saladins in der Schlacht von Hattim am See Genezareth und zu der darauf folgenden Rückeroberung Jerusalems im Jahr 1187. Während des Dritten Kreuzzugs (1189–1192) gelang es trotz der Führungsstärke König Richards I. (Richard Löwenherz) nicht, Jerusalem wieder einzunehmen. Außerdem wurde deutlich, dass die Strategie der Kreuzzüge neu überdacht werden musste. Frontale Sturmangriffe entlang der unübersichtlichen syrischen Küste bargen große Risiken. Die Überlandroute nach Kleinasien war lang, mühsam, gefährlich und führte zu erheblichen Spannungen mit Byzanz. Im Zentrum der neuen Strategie stand dagegen der so genannte „ägyptische Weg". Er führte über einen neu errichteten Brückenkopf nach Ägypten, wo man die Kontrolle über die Ressourcen des Feindes übernahm, und dann durch den nördlichen Sinai von Süden aus auf Jerusalem zu.

Die neue Taktik war überzeugend. Allerdings würde man sehr viele Schiffe benötigen, um ein ausreichend großes Heer von Kreuzrittern mit ihren Pferden, Vorräten und Proviant nach Ägypten zu bringen; und es würde sehr teuer werden. Genau daran scheiterte der Vierte Kreuzzug (1202–1204).

Venedig erklärte sich einverstanden, die Schiffe bereitzustellen. Doch als die Kreuzritter nicht in der Lage waren, die Rechnung dafür zu bezahlen, gerieten sie plötzlich in eine Sackgasse. Als ein Byzantiner, der Ansprüche auf den Thron stellte, den Kreuzrittern ein großzügiges finanzielles Angebot machte, wenn sie ihm als Gegenleistung halfen, den Thron von Konstantinopel einzunehmen, schien eine Lösung gefunden.

Die Kreuzfahrer ließen sich darauf ein. Dann aber nahm die Unternehmung eine geradezu desasträse Wendung, denn der neue Herrscher brach die Vereinbarung, und die Venezianer sahen sich plötzlich auf sich selbst gestellt. Im Jahr 1204 eroberte und plünderte das Heer der Kreuzritter Konstantinopel, schickte die Herrscher ins Exil nach Nicäa in Kleinasien und setzte ein neues, Lateinisches Kaiserreich ein, das bis 1261 Bestand hatte. Es gelang Byzanz nie, sich von diesem Schlag wieder vollständig zu erholen. Er warf einen Schatten auf die Beziehung zwischen der griechischen und der römisch-katholischen Kirche, der noch heute spürbar ist.

Der ägyptische Weg wurde auch im Fünften Kreuzzug (1217–1221) und dann noch einmal im Sechsten Kreuzzug (1248–1250) unter der Führung des französischen Königs Ludwig IX. (1226–1270) beschritten. Doch selbst der hervorragend vorbereiteten und ausgerüsteten Kreuzfahrt des französischen Königs war kein Erfolg beschieden. Danach ging die Zeit der Kreuzfahrerstaaten zu Ende. Antiochia wurde 1268 von der islamischen Armee erobert, Tripolis 1289, und die letzte Außenbastion Akko im Jahr 1291. Dies war nicht das Ende der Kreuzzüge – noch lange nicht –, doch nach diesen Ereignissen gab es fast 600 Jahre lang keine permanente militärische Präsenz der Europäer im östlichen Mittelmeerraum mehr.

Die militärischen Auseinandersetzungen zwischen der Christenheit und dem *Dar al-Islam* blieben während der Zeit der Kreuzzüge nicht auf den östlichen Mittelmeerraum beschränkt. Schon vor dem Ersten Kreuzzug waren abenteuerlustige Krieger aus der Normandie bis nach Süditalien vorgedrungen. Zwischen 1060 und 1091 gelang es ihnen, den Muslimen Sizilien und Malta abzuringen. Mitte des 12. Jahrhunderts kamen einige kurzlebige Außenbastionen an

der Küste Tunesiens in Nordafrika dazu. Auf der Iberischen Halbinsel setzte sich die Ausbreitung der christlichen Monarchien auf
islamischem Gebiet auch im 12. Jahrhundert in unregelmäßigen Ab-
ständen fort.

Dieser Prozess wurde schließlich in der zweiten Hälfte des 12.
Jahrhunderts zunächst von den Almoraviden und dann in einer
zweiten Welle von marokkanischen Glaubenseiferern mit dem ver-
wirrend ähnlichen Namen Almohaden gestoppt. Ein entscheiden-
der Sieg bei Las Navas de Tolosa durch Alfons VIII. von Kastilien
im Jahr 1212 öffnete Spanien für den christlichen Eroberungsfeldzug. Córdoba fiel den Kastiliern 1236 in die Hände, Sevilla im Jahr
1248. Jakob I. von Aragón eroberte 1238 Valencia. Zur selben Zeit
wurde das christliche Territorium in Portugal, das 1147 mit der
Eroberung Lissabons bis an den Tejo vorgerückt war, in der ersten
Hälfte des 13. Jahrhunderts bis zur Algarve ausgeweitet. Im Jahr
1250 war das Emirat von Granada die letzte weitgehend unabhängige islamische Bastion auf der Halbinsel.

Damit endet dieser kurze Streifzug durch die kriegerischen Auseinandersetzungen in der Ära der Kreuzzüge. Detaillierte und aus-
führlichere Darstellungen sind in den zurückliegenden Jahren von
hervorragenden Kennern dieser Materie in Großbritannien, Frankreich, Deutschland und den Vereinigten Staaten veröffentlicht worden. Ermöglicht wurde dies durch die zahlreichen Quellen, vor allem die zeitgenössischen Berichte von Teilnehmern der Kreuzzüge.
Die Erzählungen unterscheiden sich zum Teil erheblich. Darunter
sind so ausgezeichnete Werke wie die umfängliche „Geschichte der
Kreuzzüge" (*Historia rerum in partibus transmarinis gestarum*)
des Erzbischofs Wilhelm von Tyros, die als die beste des Mittelalters gilt. Ferner existieren Schilderungen von Kreuzrittern, die nur
zeitweise an den Feldzügen teilnahmen, wie etwa die *Gesta Francorum* (Taten der Franken), die älteste Erzählung dieser Art, von
einem unbekannten Ritter aus Süditalien; oder der Bericht über die
Belagerung und Eroberung Lissabons, die ein englischer Geistlicher

niederschrieb, der persönlich an diesem anglo-portugiesischen Un-
terfangen beteiligt war.

Überliefert ist auch die Autobiografie *Libre dels Feyts* (Buch der
Taten) des Kreuzritterkönigs Jakob I. von Aragón; außerdem die
Memoiren von Ludwig IX. von Frankreich, die von dem französischen Geschichtsschreiber Jean de Joinville verfasst wurden und
später als deutsche Ausgabe unter dem Titel *Das Leben des heiligen
Ludwig* erschienen sind. Seine Beschreibung der Kämpfe nach der
Landung der Franzosen in Ägypten ist einer der besten Kriegsbe-
richte der Literaturgeschichte, gilt als wichtiger Vorläufer der Me-
moirenliteratur und ist zugleich einer der ersten bedeutenden Prosa-
texte in französischer Sprache. Das Material reichte aus, um bereits im 19. Jahrhundert fünf dicke Bände zu füllen, die als Stan-
dardedition über die Kreuzzüge erschienen, und seitdem sind viele
weitere Quellen entdeckt worden. Das Christentum des Mittelalters hatte großes Interesse an den Kreuzzügen und betrachtete sie
als Gegenstand eigener, ernsthafter Forschung, als Thema von großer Würde und moralischem Gewicht.

Hier tut sich ein bemerkenswerter Kontrast zum Islam des Mittelalters auf. Es gibt keine islamische Geschichtsschreibung über die
Kreuzzüge als solche. Für die zeitgenössischen islamischen Schreiber waren die Kreuzzüge nicht mehr als einige Gefechte, die zu
kleineren Problemen am Rand der islamischen Welt führten. Die
Kreuzritter kamen und gingen, ihre Taten wurden von Chronisten
lakonisch erwähnt, aber nicht genauer hinterfragt. Die einzige Persönlichkeit, die während dieser Zeit in der islamischen Welt das
Interesse von Historikern und Biografen erregte, war Saladin. Denn
er war die Stütze des sunnitischen Islam, der die heilige Stadt Jerusalem den Muslimen zurückgebracht hatte, ein charismatischer Führer – und außerdem, auch das sollte hier Erwähnung finden, ein
Meister der Selbstdarstellung, allerdings nicht primär aufgrund seines soldatischen Engagements gegen die Kreuzritter. Ein verstecк-
ter Hinweis auf die islamische Gleichgültigkeit findet sich in der

Terminologie. Die Kreuzritter wurden ausnahmslos schlicht als *Franji*, „Franken", bezeichnet, unabhängig davon, ob sie aus Sizilien, Ungarn oder Schottland kamen. Es gibt keinen arabischen Begriff, der darauf hinweist, dass die Eindringlinge auf einer besonderen, individuellen Mission waren.

Die Indifferenz der mittelalterlichen islamischen Welt gegenüber den Kreuzzügen war Bestandteil ihrer Gleichgültigkeit gegenüber der gesamten Christenheit.

Liberale Kritiker tendieren heute dazu, die Kreuzzüge zu verurteilen. Eine anerkannte Autorität bezeichnete sie erst kürzlich als „schändlich"[10]. Wenn man die Vergangenheit jedoch vom moralischen Gesichtspunkt der heutigen Zeit verurteilt, bringt dies die Wissenschaft nicht voran. Während der Zeit der Kreuzzüge hat kein christlich-orthodoxer Schreiber sie jemals als solche kritisiert. (Ausnahme waren einige Häretiker, die häufig pazifistische Gründe nannten.) Es gab zwar durchaus Kritik, aber keine grundlegende. Sie zielte vielmehr auf die moralische Einstellung und die Geisteshaltung der Kreuzritter oder auf die Art und Weise, wie die einzelnen Kreuzzüge durchgeführt wurden. Über den Beweggrund, aus dem die Kreuzzüge geführt wurden, herrschte Einigkeit: Es war legitim, Waffengewalt einzusetzen, um die heiligen Stätten des Christentums zurückzuerobern, und jeder, der für dieses hehre Ziel stritt, würde dafür belohnt werden. Was in der heutigen Gesellschaft undenkbar wäre, wurde von Millionen Menschen, Frauen und Männern aus allen Gesellschaftsschichten jahrhundertelang kritiklos akzeptiert.

Zwischen 1050 und 1300 breitete sich das Christentum in Syrien und Palästina aus und verschwand wieder, kehrte nach Sizilien zurück und eroberte fast die gesamte Iberische Halbinsel zurück. Es war eine Zeit permanenter Feindschaft – im Gegensatz zu ständigem Krieg – zwischen dem Christentum und dem Islam im Mittelmeerraum. Bedeutet dies, dass sich zwischen Christen und Muslimen eine Mauer der Intoleranz aufgebaut hatte? Die Antwort auf diese Frage ist nicht so einfach, wie man zunächst annehmen mag.

Die Zeit der Kreuzfahrer war von starker religiöser Leidenschaft geprägt – den eifernden, konvertierten Seldschuken, dem Fanatismus der marokkanischen Sektierer, der Bigotterie der Frankenkrieger und der Hetzerei christlicher Würdenträger.

Religiöser Eifer unter Anhängern zweier monotheistischer Glaubensrichtungen, die beide vollkommen davon überzeugt waren, dass ihre eigene die einzig rechtmäßige sei, kann nur intolerant sein. Noch einmal: Für die Christenheit war diese Epoche eine Zeit, in der die Kirchenhierarchie die Regeln christlichen Verhaltens genauer festlegte, sie intensiver verbreitete und Maßnahmen ergriff, um sie effektiver durchzusetzen als zuvor. So wurde es einfacher, Abweichler von der orthodoxen Lehre zu erkennen, etwa Häretiker, und sie auszuschließen. Im Europa des Jahres 1300 war der Wille, diese zu verfolgen, größer als im Jahr 1000, und man hatte bessere Möglichkeiten. Ansichten wie diese färbten natürlich auf die Kreuzritter ab, die letztlich noch immer eine Schlacht schlugen, die als christliches Engagement gegen Häresie verstanden wurde (siehe erstes Kapitel). Als der französische Troubadour Marcabrun um 1150 von den Kreuzrittern sang, die das Land von den Feinden Christi „reinigten", begründete er damit eine neue Rhetorik, die für lange Zeit Bestand haben sollte (und der wir heute misstrauen). Etwa 50 Jahre später stellte ein unbekannter spanischer Dichter den Helden seines Epos *Poema de Mio Cid* in ganz anderem Licht dar, als dies der anonyme Biograf tat, dem wir in diesem Kapitel bereits begegnet sind. Alle Verweise auf die Söldnerzeit von El Cid waren gestrichen worden. Die Vergangenheit wurde im Interesse der Gegenwart angepasst. El Cid war nun zu einem reinen, christlichen, patriotischen, kastilischen Kreuzfahrer geworden.

So weit, so – scheinbar – gut. Doch die Angelegenheit ist nicht so einfach. Auch Feindschaft ist eine Form von Beziehung, mit Rhythmen und Routinen, die zu bestimmten Handlungen führen. Als Beispiel können die christlichen Lehnsstaaten (im Folgenden auch als „Kreuzfahrerstaaten" bezeichnet) dienen, die im Zuge der Kreuzzüge entstanden. Da sie von Anfang an unter Bevölkerungsmangel litten, begriffen ihre Regierungen schnell, dass ihr Überleben von Diplomatie ebenso abhing wie von Krieg.

Unter Diplomatie muss man sich hier die Aufnahme geregelter Beziehungen zu den islamischen Nachbarn vorstellen; quasi einen Pakt mit dem Feind. Nachrichten waren auszutauschen, Waffenstillstände auszuhandeln und Gefangene auszulösen. Spione wurden eingesetzt, die so viel wie möglich über die politischen und militärischen Absichten und Fähigkeiten des Gegners herausfinden sollten. Natürlich werden diese Personen in den Quellen kaum erwähnt. Es gibt allerdings einige Ausnahmen. Einer der zeitgenössischen Chronisten des Dritten Kreuzzugs gewährt uns einen Einblick:

Und während sie also alle berieten, was jeder Mann zur Belagerung beitragen solle, kam plötzlich Bernhard der Spion herein. Er war in Syrien geboren und hatte zwei seiner Landsleute bei sich, die die Kleidung der Sarazenen trugen. Sie kehrten zurück aus Babylon (= Kairo), wo es ihre Aufgabe gewesen war, den Feind auszuspionieren. Ich versichere Ihnen, dass ich niemals jemanden gesehen habe, der den Sarazenen mehr glich oder ihre Sprache besser sprach.[11]

Bernhards (= Bernhard von Clairvaux) fließende Beherrschung der arabischen Sprache prädestinierte ihn für seine gefährliche Tätigkeit und verdient besondere Beachtung. Wie stark war Zweisprachigkeit in den Kreuzfahrerstaaten ausgeprägt? Dies ist eine von vielen wichtigen Fragen, auf die die überlieferten Quellen leider keine Antwort erlauben. Man weiß nur von wenigen Christen, die wie Bernhard Arabischkenntnisse besaßen.

Ein Beispiel auf höherer gesellschaftlicher Ebene war Reynald von Châtillon, Prinz von Antiochia. Er hatte 15 Jahre als Kriegsgefangener in Aleppo verbracht, in denen er die Sprache seiner Gefängniswärter erlernte. Reynald war einer von vielen aus der Führungsschicht der Kreuzfahrerstaaten, die ein großes Stück arabische Lebensart übernahmen. Allerdings brachte ihn dies den muslimischen Nachbarn auch nach seiner Entlassung nicht näher. Reynald war ein gewalttätiger und skrupelloser Mann, er brach Vereinbarungen und überfiel friedliche Pilger auf dem Weg nach Mekka. Nach der Schlacht von Hattin wurde er ein zweites Mal gefangen genommen und von Saladin für seine Kriegsverbrechen (wie wir dies heute nennen würden) persönlich hingerichtet.

Als Gefangener übertrat Reynald von Châtillon zwangsläufig Grenzen. Andere Mitglieder der gehobenen Gesellschaft taten dies aus freiem Willen, wie etwa der außergewöhnliche Weg des portugiesischen Prinzen Dom Pedro (1187–1256) zeigt. Nachdem er vergeblich intrigiert hatte, um zu verhindern, dass sein Bruder 1211 den portugiesischen Thron bestieg, war er gezwungen, aus seinem Heimatland zu fliehen. Er suchte Zuflucht am Hof seines Nachbarn Alfons IX. von León, mit dem er durch Heirat auch verwandt war. In eben diesem Jahr wurden die Vorbereitungen für einen Feldzug getroffen, den der Papst einen Kreuzzug nennen sollte und den Alfons' Namensvetter und Feind, der König von Kastilien, leiten und im folgenden Jahr zu dem großen Sieg über die Almohaden bei Las Navas führen sollte. Alfons IX. verhielt sich verdächtig distanziert zu dem Unternehmen. Angeblich, so flüsterte man hinter vorgehaltener Hand, war er von den almohadischen Herrschern von al-Andalus und Marokko mit Gold von Muslimen bestochen worden. Unabhängig davon, was an diesem Gerücht der Wahrheit entsprach, gesichert ist, dass die Beziehungen zwischen León und Marokko damals sehr herzlich waren. Daher ist es vielleicht gar nicht so überraschend, dass Dom Pedro kurze Zeit später in Marokko auftauchte. Zwischen 1216 und 1228 kommandierte er als Söldnerhauptmann einen Zug der Fremdenlegion für die Almohaden. Dennoch wurde er in Spanien nicht zur persona non grata.

Nach seiner Rückkehr gelangte er sogar an den Hof von König Jakob von Aragón. Es gelang ihm, dem König bei der Beilegung seiner Eheprobleme materielle Vorteile zu verschaffen. Als Belohnung wurde er 1231 zum Grafen von Mallorca ernannt, das die Christen inzwischen zurückerobert hatten. Pedro nahm später an Aragóns Eroberungsfeldzügen auf Ibiza und in Valencia teil. Seine bemerkenswerte Karriere ähnelt der von El Cid eineinhalb Jahrhunderte zuvor. Allerdings fand sie vor einem kulturellen Hintergrund statt, in dem die grenzüberschreitenden Übergriffe eines El Cid inakzeptabel gewesen wären, und der sein Image entsprechend veränderte.

Grenzgänger zwischen den Kulturen gab es natürlich immer. So hatte Jean de Joinville beispielsweise die im Folgenden beschriebene Begegnung. Sie fand während der Verhandlungen nach der Niederlage und Gefangennahme König Ludwigs und anderer führender Kreuzritter nach der Schlacht von Mansourah im Frühling 1250 statt. Joinville beschreibt, wie erstaunt der König war, als ihn ein Sarazene in fließendem Französisch ansprach:

Der König fragte ihn, wo er denn Französisch gelernt habe, und er sagte, er sei Christ gewesen. Der König sprach zu ihm: „Hebe dich weg, mit dir werde ich kein Wort mehr sprechen!" Ich zog ihn beiseite und fragte ihn nach seiner Herkunft. Er erzählte mir, er sei aus Provins [ca. 80 km südöstlich von Paris] und sei mit König Johann nach Ägypten gekommen; er habe sich in Ägypten verheiratet und sei jetzt ein großer und reicher Mann. Ich sagte zu ihm: „Wisst Ihr denn nicht, dass Ihr, wenn Ihr in solcher Sünde sterbet, verdammt seid und in die Hölle fahren werdet?" Er erwiderte, das wisse er wohl (denn er war noch überzeugt davon, dass kein Glaube so gut ist wie der christliche). „Doch ich fürchte, wenn ich wieder zu Euch übertrete, die Armut, in die ich dann wieder fiele, und die Vorwürfe. Jeden Tag würde man mir sagen: Seht den Abtrünnigen! Darum will ich lieber in Reichtum und Annehmlichkeit leben als mich in eine solche Lage bringen, wie ich sie wohl voraussehe." Ich aber sagte ihm, die Vorwürfe würden noch viel größer sein am Tage des Gerichts, wo jedermann seinen Verrat sehen wird, als jetzt, wo er nur mir seine Sünde bekannt habe. Viele gute Worte sagte ich ihm noch, aber sie machten ihm kaum einen Eindruck. Also schied er von mir, ich habe ihn niemals wieder gesehen.[12]

Kluge Kriegsherren haben die Kämpferqualitäten ihrer Feinde stets anerkannt. Die Barone des *Rolandslieds* wussten, dass ihre „heidnischen" Feinde tapfere Kämpfer waren. Der Autor der *Gesta Francorum* (Taten der Franken), der selbst gegen die Türken gekämpft hatte, gab an, dass „man keine stärkeren, kühneren und besseren Soldaten finden kann als sie"[13]. Die Kreuzritter hatten Respekt vor den moralischen wie auch den kämpferischen Qualitäten ihrer Gegner. Saladin ist vielleicht das beste, aber keineswegs das einzige Beispiel. Er war ein Ehrenmann, fromm und weise, milde und gerecht, aber ein furchtbarer Gegner für die, die wie Reynald von Châtillon die Gesetze des Krieges missachteten. Zustimmend zitiert Joinville eine der Maximen Saladins: „Saladin sprach, dass man keinen Mann töten darf, mit dem man bereits Brot und Salz geteilt hat."[14] Dante reihte Saladin im folgenden Jahrhundert in der Hölle unter den tugendhaften Nicht-Christen ein, wo er sich in der ausgesuchten Gesellschaft von Homer, Plato und Aristoteles befand.

Auch auf islamischer Seite genossen die christlichen „Helden" durchaus Anerkennung, manchmal sogar sprichwörtlich – Joinville berichtet die folgende Episode über Richard Löwenherz:

Der König Richard Löwenherz hat im Heiligen Land solche Heldentaten vollbracht, damals, als er dort war, dass man zu den Pferden der Sarazenen, wenn sie vor einem Strauch scheuten, sagte: „Du meinst wohl, das sei der König von England?"[15]

Am meisten erfahren wir über den islamischen Verhaltenskodex aber von einem anderen Biografen, dem für seine Epoche eine ähnliche Bedeutung zukommt wie Abd Allah von Granada für die seine. Usamah ibn Munqidh (1095–1188), Emir von Shaizar im Norden Syriens, der ein außergewöhnlich hohes Alter erreichte, war ein weit gereister Mann mit vielen Kontakten. Er hinterließ lebendige Berichte über seine Erfahrungen in seinen anekdotenhaften Memoiren. Darunter findet sich auch eine besonders wertvolle Beschreibung einer Begegnung mit den Franken in den Lehnsstaaten. Für Usamah waren die Franken natürlich Feinde, aber geschätzte Feinde. „Die Franken – Gott soll sie holen"[16] war sein geflügelter Ausspruch. In mancher Hinsicht schätzte Usamah die christlich-fränkische Kultur gering – so etwa ihre Kenntnisse in der Heilkunst, anderes bemerkte er dagegen mit Verwunderung, etwa die sozialen Freiheiten christlicher Frauen. Zu Friedenszeiten konnte man durchaus Freundschaften mit den Franken schließen und gemeinsame Interessen entdecken. Usamah war ein begeisterter Sportler und Tierbeobachter. Dadurch entstanden Beziehungen zur fränkischen Aristokratie: In seinen Memoiren werden mehrfach Jagd- und Landausflüge erwähnt, zu denen er gemeinsam mit befreundeten Franken aufbrach. Sein Vater hatte den Frankenkönig von Jerusalem in Shaizar bewirtet, und auch Usamah selbst war ein regelmäßiger Gast am Königshof, häufig in der Funktion eines Diplomaten, aber interessanterweise mindestens einmal auch als Gegner eines Frankenbarons in einem Zivilprozess, bei dem es um Weideland ging. Der Gerichtsprozess um eine Herde Rinder setzt die christlich-muslimischen Beziehungen plötzlich in ein ganz neues Licht und macht Hoffnung auf noch einige Überraschungen. Usamahs Werk steht allein, mit Verallgemeinerungen sollte man daher grundsätzlich vorsichtig sein. Dennoch: Es ist kaum anzunehmen, dass Usamah ein Einzelfall war.

Üblicherweise gilt die Zeit der Kreuzritter als Epoche wachsender Spannungen zwischen Christentum und Islam. Die vorangegangene Epoche der historischen Figuren Abd Allah und Rodrigo Díaz oder des fiktiven Digenis Akritas stand eher im Geist von „leben und leben lassen". Der religiöse Fanatismus entwickelte sich erst durch Invasoren aus Regionen außerhalb des Mittelmeerraums, aus Zentralasien, dem nördlichen christlichen Territorium oder Westafrika, deren Eindringen zu einer sich explosionsartig ausbreitenden Feindseligkeit führte. Die moralische Färbung der folgenden Kreuzfahrerzeit zeigt sich exemplarisch in den Verbrechen des Reynald von Châtillon (siehe Seite 96) oder dem Fanatismus von

Ludwig IX. Dies ist eine Möglichkeit, diese Epoche zu interpretieren. Andererseits zeigen Männer wie Usamah ibn Munqidh und Dom Pedro aus Portugal, dass die Situation sich nicht so schwarz und weiß beschreiben lässt. Man tut vielleicht gut daran, mit zu bedenken, dass zwischenmenschliche Beziehungen so eindeutig nie sind.

Eine positivere Sicht auf die Kreuzzüge ergibt sich, wenn man ihre Rolle unter dem Aspekt der Eröffnung neuer Horizonte betrachtet. Als das Heer des Ersten Kreuzzugs durch Syrien und Palästina zog, trafen die Männer auf Religionsgemeinschaften, die ihnen vollkommen fremd waren. Dazu gehörten die christlichen Ostkirchen wie zum Beispiel die der Monophysiten (beziehungsweise Kopten), aber auch andere. Es konnten sogar Anhänger völlig unterschiedlich geprägter konfessioneller Traditionen sein, wie etwa die Samariter. Die Christen des Westens und des Ostens interessierten sich nicht besonders füreinander. Die Einsetzung einer neuen Führung in den Kreuzfahrerstaaten, die im Dienst der Kreuzzüge stand, bedrohte höchstens die mehr oder weniger harmonischen Beziehungen zwischen den Ostchristen und ihrer islamischen Regierung. Sie betrachteten die angeblichen Unterstützer daher mit argwöhnischer Reserviertheit. Die Westchristen sahen auf die Ostchristen herab und betrachteten sie als entfernte, uninteressante Verwandte, von deren merkwürdigen Bräuchen und Traditionen man sich am besten fern hielt.

Bessere Beziehungen bestanden zu den noch entfernteren und exotischeren Christengemeinden. Im Jahr 1145 besuchte ein Bischof aus den Kreuzfahrerstaaten den Papst und berichtete, dass er von einem unermesslich reichen und mächtigen Potentaten im Osten gehört habe, der Christ sei und angeblich von einem der Heiligen Drei Könige abstamme, die das Jesuskind in Bethlehem besucht hatten. Dies ist der erste schriftliche Hinweis auf die Legende um Johannes den Priester (eigentlich Presbyter oder Kirchenältester). Zwanzig Jahre später gelangte ein Brief nach Europa, der angeblich von Johannes persönlich stammte. Darin nannte er sich selbst den Herrscher der „drei Indien" und erklärte seine Absicht, militärische Hilfe bereitzustellen, um die Feinde der Christenheit zu besiegen. Auf diesen Scherz – denn genau darum handelte es sich – fiel nicht nur der Papst, sondern es fielen auch viele andere christliche Führer darauf herein, denn eben dies hatten sie ja hören wollen: Es gäbe einen mächtigen, christlichen Alliierten im fernen Osten, dessen Heer dem Islam in den Rücken fallen konnte und es den Kreuzrittern erleichterte, die heiligen Stätten des Christentums vom Westen aus zurückzuerobern. Die Legende um Priester Johannes hielt sich jahrhundertelang, sein schwer erreichbares Königreich sollte mal in Asien, mal in Indien oder Afrika liegen, ein Trugbild, von dem sich einige Fantasten täuschen ließen, die versuchten, das Christentum von seinen muslimischen Feinden zu befreien.

Die ersten Berichte über den Priester Johannes könnten allerdings durchaus reale Hintergründe gehabt haben. Im Jahr 1141 besiegte das zentralasiatische Imperium Kara-Chitai die Seldschuken in Persien. Als sich die ersten Berichte darüber zu den belagerten Christen in den Kreuzfahrerstaaten herumgesprochen hatten, muss es ihnen einfach unwiderstehlich erschienen sein, dahinter einen christlichen Herrscher und damit einen potenziellen Verbündeten gegen den Islam zu vermuten.

Papst Alexander III. schickte 1177 eine Nachricht an Priester Johannes. Man kann ihren Weg durch die Kreuzfahrerstaaten verfolgen, danach verliert sich jedoch ihre Spur. Hätte es damals diplomatische Beziehungen zwischen dem Christentum und irgendeinem fernen Land im Osten gegeben, dann hätte das, was dann von Zentralasien ausging, vielleicht einen weniger großen Schock ausgelöst.

Es handelte sich dabei um den Überfall der Mongolen. Das Mongolenreich ist in der gesamten Menschheitsgeschichte wohl einzigartig. Die mongolischen Stämme wurden um das Jahr 1200 herum unter einem Führer namens Tumüchin geeint, der daraufhin den Titel „Dschingis Khan" annahm, was „allumfassender Herrscher" bedeutet. Ein Ergebnis der Einigung war die Bildung eines erstklassigen Heeres. Eine solche Militärmaschinerie sollte natürlich auch in Aktion treten. Die Erhaltung der Einheit erforderte Eroberungen im Ausland. Dies ist die überzeugendste Erklärung der mongolischen Expansion. Vor seinem Tod im Jahr 1227 unterwarf Dschingis Khan im Osten das nördliche China sowie im Westen Kara-Chitai und die islamischen Staaten im Norden des heutigen Iran. Die Expansion wurde jedoch auch nach seinem Tod weitergeführt. Sein Sohn Ogädäi (1229–1241) festigte den Status der Mongolen im Norden Chinas. In den 30er-Jahren des 13. Jahrhunderts begann eine weitere Offensive im Westen. Die Hoheitsgebiete Südrusslands wurden überrannt, Kiew fiel 1240, und die Mongolen drangen unaufhaltsam weiter vor, nach Ungarn, Polen und sogar bis nach Deutschland. Erst nach Ogädäi Khans Tod im Jahr 1241 beendeten seine Heerführer die Angriffe auf Westeuropa.

In dieser Zeit erstreckte sich das Mongolenreich von Osteuropa bis zum Pazifik. Wenn es sich auch eindeutig nicht um das Reich von Priester Johannes handelte, so wollten die verängstigten Europäer doch mehr darüber erfahren, und sei es nur, um sich besser verteidigen zu können.

Man sprach über dieses Problem auch auf dem 13. Ökumenischen Konzil 1245 in Lyon unter dem Vorsitz von Papst Innozenz IV. Als Ergebnis dieser Überlegungen sandte man drei Botschafter zu den Mongolen. Ihre Aufgabe war es, diplomatische Beziehungen zu knüpfen, die Mongolen zu beobachten und über sie zu berichten sowie Kontakt zu den Christen im Osten aufzunehmen. Außerdem hegte man die entfernte Hoffnung, dass die Mongolen in diesem Zusammenhang vielleicht davon überzeugt werden konnten, den Schamanismus, denn dies schien ihre Religionsform zu sein, aufzugeben und zum Christentum überzutreten. Danach hätten sie gemeinsam mit dem Westen militärisch gegen den Islam im Mittleren Osten vorgehen können. Die Mongolen spielen deshalb eine wichtige Rolle für die christlich-islamischen Beziehungen des Mittelalters, weil man in den höchsten Kreisen des 13. Jahrhunderts allen Ernstes glaubte, dass man aus ihnen ähnliche Gestalten wie Priester Johannes machen könnte.

Diese Sehnsüchte erwiesen sich jedoch als vollkommen illusorisch. Zwar bekannten sich einige einflussreiche Mongolen tatsächlich zum nestorianischen Christentum, aber es bestand nie die geringste Chance, dass sich das gesamte mongolische Volk dem europäischen Katholizismus unterordnen würde. (Der Nestorianismus bezeichnet die Christologie des Nestorius und seiner Anhänger in der Ostkirche. Nestorius war Patriarch von Konstantinopel, 428–431, und wurde aufgrund angeblich häretischer Äußerungen abgesetzt. Seine Anhänger zogen in die Gebiete östlich des Römischen Reiches und ließen sich in Mesopotamien nieder. Von hier aus breiteten sich die Nestorianer über Zentralasien bis nach China aus.) Die Mongolen wandten sich vielmehr bald wieder vom Westen ab. Der befürchtete Überfall der Mongolen fand nie statt. Die Gründe dafür hatten mit ihrer Lebensumwelt zu tun: Millionen mongolischer Pferde waren auf die Weidegründe der Steppe angewiesen, deren Ausdehnung westlich der Ukraine zu gering waren. 1258 marschierten die Mongolen im Irak ein, eroberten Bagdad und töteten den letzten abbasidischen Kalifen.

Mit einem gemeinsamen Kreuzzug mit dem Westen hatte dieser Feldzug allerdings gar nichts zu tun. Zwei Jahre später wurde ein mongolisches Heer bei Ayn Jalut in Galiläa von den ägyptischen Mamelucken (der Nachfolgedynastie Saladins) geschlagen. Ihr Rückzug war jedoch bereits vorher beschlossene Sache gewesen, denn wie im landwirtschaftlich geprägten Europa fehlte es auch an den Küsten des Mittelmeers an ausreichenden Weideflächen. Das vereinte mongolische Reich von Dschingis Khan hatte bereits begonnen zu bröckeln. In der zweiten Hälfte des 13. Jahrhunderts zerfiel es in einzelne Hoheitsgebiete in China, Zentralasien, Persien und Russland.

Kontakte waren in den 40er-Jahren des 13. Jahrhunderts aber schon geknüpft, die ersten Berichte geschrieben. Diese Berichte sind von höchstem Interesse. Zu den bemerkenswertesten gehört der des Franziskanermönchs Wilhelm von Rubruck, der den mongolischen Khan Möngke – einen Enkel von Dschingis – im Auftrag von Ludwig IX. von Frankreich in den Jahren 1253–1255 besuchte. Rubrucks Aufzeichnungen sind ein Meilenstein der Reiseliteratur. Als kluger und aufmerksamer Beobachter setzte er für seinen König einen detaillierten Bericht über seine häufig beschwerlichen und gefährlichen Reisen auf, die ihn über Tausende von Kilometern durch – für Europäer – vollkommen unbekanntes Gebiet führten. Dabei schilderte er auch die merkwürdigen, exotischen Völker, denen er begegnete, mit ihrer ungewöhnlichen Erscheinung, ihren Bräuchen und ihrem Glauben. Rubrucks präzise Darstellung des völlig Fremden nimmt ein großes Stück späterer Ethnographie und Anthropologie vorweg. Hier beschreibt er die Lebensumstände der Mongolen:

Die Behausung, in der sie nächtigen, ruht auf einem runden Gestell aus miteinander verwobenen Ästen, das sich nach oben zu einem kleineren Rund verjüngt, auf dem eine kaminähnliche Spitze sitzt. Sie bedecken das Äußere mit weißem Filz, der häufig mit Kreide oder weißem Staub und gemahlenen Knochen verschmiert wird, damit er heller glänzt, manchmal wird er auch geschwärzt.

Im oberen Bereich der Behausung wird der Filz verziert und geschmückt ... Diese Behausungen haben normalerweise einen Durchmesser von etwa 30 Fuß. Ich selbst habe zwischen den Achsen eines Pferdewagens einen Abstand von 20 Fuß abgeschritten, und als die Behausung darauf untergebracht war, ragte sie zu beiden Seiten mindestens fünf Fuß weit heraus. Ich zählte 22 Ochsen, die einen einzigen Wagen zogen, elf nebeneinander, was der Breite des Wagens entsprach, und noch einmal elf davor. Die Achse war so lang wie ein Schiffsmast, und ein Mann stand auf Höhe des Eingangs zu der Behausung auf dem Wagen und trieb die Ochsen an.[17]

Einige ihrer Zugtiere waren dem Verfasser unbekannt:

Sie besitzen unglaublich starke Rinder mit zotteligen Bäuchen und Rücken, und ihre Schwänze sind so haarig wie die eines Pferdes. Die Tiere haben kürzere Beine als andere Rinder, sind aber ungleich stärker. Sie ziehen die großen Behausungen der Mongolen, und sie haben lange, schmale Hörner, die so spitz sind, dass ihre Enden immer wieder abgesägt werden müssen.[18]

Es handelt sich hier um die vermutlich erste Beschreibung eines Yaks durch einen Europäer.

Wilhelm von Rubruck war nicht der Einzige, der mit Verwunderung auf die fremde Welt sah, in die Gott ihn gerufen hatte, und er führte für seine Auftraggeber am französischen Hof genauestens Buch. (Die überlieferten Manuskripte lassen vermuten, dass seine Schriften auch in England kursierten.) Joinvilles *Geschichte König Ludwigs des Heiligen* wurde 1309 fertig gestellt, als der Autor bereits ein sehr alter Mann war, aber der Großteil des Manuskripts war wahrscheinlich schon 40 Jahre zuvor verfasst worden. Joinvilles Beschreibung der Orte und Menschen, denen er begegnete, als er seinen König auf dessen Kreuzzug in Ägypten und Syrien begleitete, zeichnet eine außergewöhnliche Frische, eine federnde Leichtigkeit aus, die die sieben Jahrhunderte überspannt, die uns heute von ihm trennen und die uns das lebendige Bild eines Schriftstellers vermitteln, der seine Umgebung mit offenen Augen und großem Interesse betrachtete. Hier beschreibt er einen fossilen Fisch:

Während der König in Sidon weilte, brachte man ihm einmal einen Stein, der war aus einzelnen Schalen zusammengefügt, es war der wunderbarste Stein der Welt. Wenn man eine Schale aufhob, so fand man zwischen zwei Steinen die Gestalt eines Meeresfischs. Der Fisch war aus Stein; dennoch fehlte ihm nichts an seiner Gestalt, weder Augen noch Gräten, noch Farbe, noch sonst etwas, das nicht so war, als ob er noch lebendig wäre. Der

König schenkte mir eine Schale, und ich fand eine Schleie darin von brauner Farbe, ganz wie eine richtige Schleie sein muss.[19]

Der berühmteste aller europäischen Reisenden des Mittelalters war Marco Polo. Marco Polo kam aus einer Familie, die traditionell viel reiste. Sein Vater Niccolò und sein Onkel Maffeo waren im Jahr 1260 geschäftlich von Konstantinopel aus auf die Krim und dann überraschend nach Zentralasien und China gereist. Sie kehrten erst 1269 zurück. Zwei Jahre später machten sie sich erneut auf den Weg, dieses Mal in Begleitung des jungen Marco und in der Funktion von akkreditierten Repräsentanten des Papstes, die diplomatische Botschaften für Kubilai Khan in China mit sich führten. Nach etwa dreieinhalb Jahren erreichte die Reisegruppe Kubilais Sommerresidenz Shang-tu (Xanadu). Sie blieben 17 Jahre lang in China. In dieser Zeit erhielt Marco Polo wohl einen Posten im Staatsapparat, vermutlich als Finanzbeamter, der es ihm ermöglichte, sich frei zu bewegen und Beobachtungen anzustellen. Um das Jahr 1291 wurden die Polos beauftragt, eine Prinzessin in den Iran zu eskortieren. Sie wählten dafür die Route über die Südchinesische See, Java, Sumatra, Ceylon, Indien und durch die Straße von Hormuz.

Danach kehrten sie über Täbris, Trabzon und Konstantinopel nach Hause zurück und erreichten schließlich 1295 Venedig. Marco Polo ließ seine Erlebnisse daraufhin von einem „Ghostwriter", Rustichello von Pisa, aufschreiben (und ein bisschen ausschmücken).

Ein neues Bewusstsein dafür, wie groß und fremd die Welt ist, zeigt sich in den Aufzeichnungen von Rubruck, Joinville und Marco Polo (und einigen anderen aus der Zeit von 1250–1320) und markiert eine bedeutende Entwicklung der Europäer. Der geistige Horizont der Krieger aus dem 11. Jahrhundert, die nur das *Rolandslied* kannten, war eng und beschränkt. Anfang des 14. Jahrhunderts wussten viele Europäer jedoch bereits, dass es auf der weiten Welt Berge und Meere, Tiere und Menschen, Glauben und Bräuche gab, die man sich überhaupt nicht vorstellen konnte. Es kann kein reiner Zufall sein, dass aus dieser Zeit auch die ersten Hinweise überliefert sind, dass es möglicherweise eine Vielzahl von Religionen geben dürfte. Für das Bewusstsein des europäischen Christentums war dies eine wichtige Entdeckung. Bevor diese beleuchtet wird, müssen jedoch noch einige andere Fragen beantwortet werden. Wie kam es, dass venezianische Händler wie die Familie Polo die Alte Welt durchquerten und gen Osten bis nach Peking und Xanadu reisten? Etwa um das Jahr 1000 hatten die venezianischen Händler schließlich gerade erst begonnen, die Adriaküste nach Konstantinopel und Alexandria für sich zu erobern. Seitdem war viel passiert.

IV
Handel, Koexistenz und kultureller Austausch

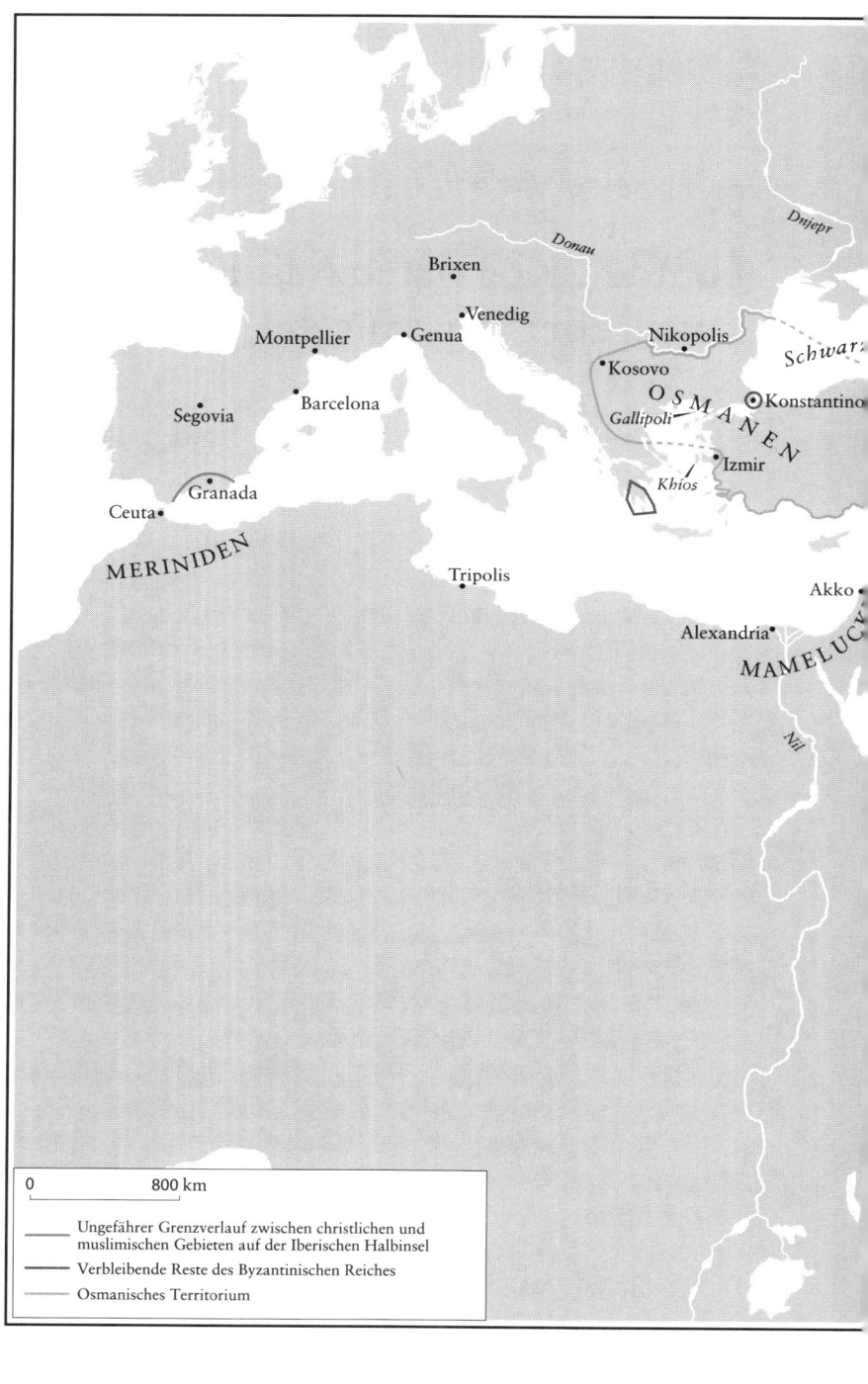

Brixen

Venedig

Donau

Dnjepr

Nikopolis

Kosovo

Schwarz

Montpellier   Genua

O S M A N E N

Konstantino

Segovia   Barcelona

Gallipoli

Izmir

Khios

Granada

Ceuta

MERINIDEN

Tripolis

Akko

Alexandria

MAMELUC

Nil

0   800 km

Ungefährer Grenzverlauf zwischen christlichen und
muslimischen Gebieten auf der Iberischen Halbinsel

Verbleibende Reste des Byzantinischen Reiches

Osmanisches Territorium

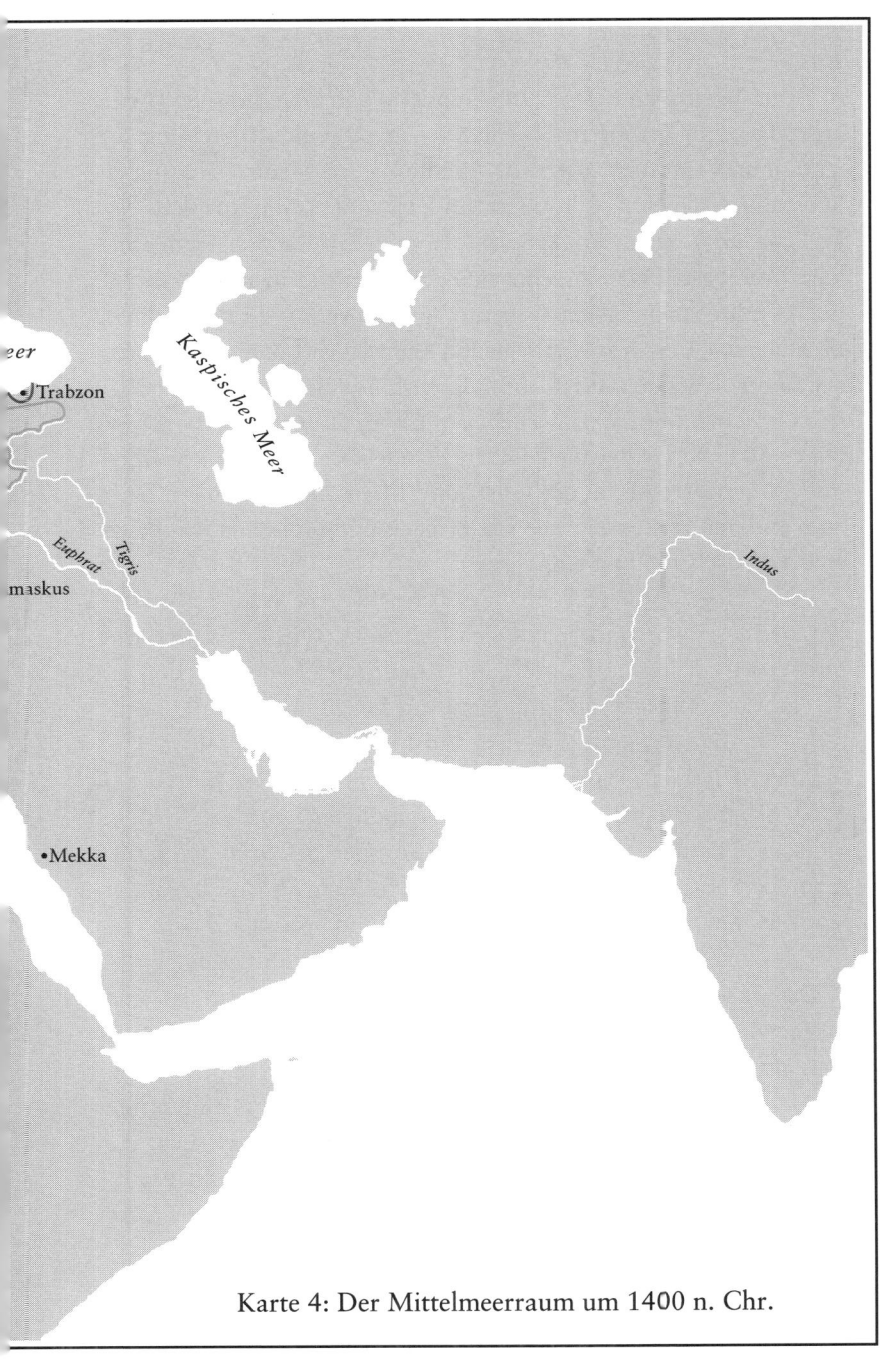

Karte 4: Der Mittelmeerraum um 1400 n. Chr.

In den 50er-Jahren des 11. Jahrhunderts gab eine jüdische Dame aus Jerusalem bei ihrem Händler in Ägypten eine Bestellung für „Shadhuna Qirmiz" auf. Mit Shadhuna ist Medina-Sidonia in Südspanien gemeint. Qirmiz ist ein Färbemittel, das aus dem Käfer *Coccum ilicis* gewonnen wird, der in der Rinde der Stechpalme lebt. Von diesem Namen leitet sich der Begriff „Karmesin" ab. Etwa 75 Jahre später, genauer gesagt am 11. August 1125, starb ein Händler aus Alexandria namens Ibn Halif im südspanischen Almería, wo er sich geschäftlich aufhielt, wie aus einem zufällig erhaltenen Dokument und der Inschrift auf einem Grabstein hervorgeht. Dies sind nur zwei Beispiele für die Handelsbeziehungen jener Zeit im Mittelmeerraum, in der Güter und Menschen von einem Ende zum anderen reisten und die islamischen und jüdischen Kaufleute eine Vormachtstellung einnahmen.

Diese Hegemonie wurde von der christlichen Welt aber bereits angegriffen, insbesondere von den Italienern. Wie im zweiten Kapitel erwähnt, fuhren Händler aus Amalfi und Venedig schon im 10. Jahrhundert bis nach Ägypten, um Luxusgüter für die begüterten Westeuropäer zu erwerben. Andere sollten bald folgen. Der Handel zwischen Pisa und Tunesien war in den 60er-Jahren des 11. Jahrhunderts bereits so selbstverständlich geworden, dass ein jüdischer Händler in einem Schreiben an einen befreundeten Kaufmann beiläufig erwähnte, eine Ladung Pfeffer in al-Mahdiyya (der Stadt Mahdi an der Küste zwischen Sfax und Sousse auf dem Gebiet des heutigen Tunesien) mit Geld aus Pisa bezahlt zu haben.

Der Handel war damals eine abenteuerliche Angelegenheit, und die Gewinne waren ebenso hoch wie das Risiko. Handel und Piraterie gingen Hand in Hand. Im Jahr 1087 segelten Truppen aus Pisa, Genua und Amalfi gemeinsam nach al-Mahdiyya, plünderten die Stadt und kehrten mit reicher Beute nach Hause zurück, die zum Teil für die Verschönerung des Camposanto verwendet wurde. Manche Historiker sehen in diesem Überfall eine Art Proto-Kreuzzug.

Kein Wunder also, dass die italienischen Kaufleute schnell die Gelegenheiten ergriffen, die sich durch den Ersten Kreuzzug und die Errichtung der Kreuzfahrerstaaten ergaben. Diese aufstreben-den Außenbastionen waren sehr leicht angreifbar. Selbst die Grund-bedürfnisse wie Lebensmittel und Waffen mussten über den See-weg herangeschafft werden. Das konnten nur die Italiener erledi-gen. Die Genueser handelten am schnellsten: Schon ein ganzes Jahr vor der Eroberung Jerusalems hatten sie dem neuen, normannischen Prinzen von Antiochia ein Warenhaus in der Stadt, 30 Häuser, ei-nen Brunnen und eine Kirche abgerungen, die sämtlich von Steuern und Abgaben befreit waren – so sehr wurden sie dank ihrer Unter-stützung geschätzt.

Die Venezianer konzentrierten sich darauf, in die Handelszone des Byzantinischen Reichs in der Ägäis und auf dem Schwarzen Meer einzudringen. Schon vor dem Ende des 10. Jahrhunderts hatten sie einen Handelsvertrag ausgehandelt. Ihren großen Durchbruch feierten sie aber erst ein Jahrhundert später, als sie sich den Fehler Konstantinopels zunutze machten, seine Seestreitkräfte abzubauen. Als die Seldschuken nach der Schlacht von Manzikert im Jahr 1071 nach und nach das anatolische Hinterland besetzten, sahen die Herrscher sich gezwungen, die Küstenstädte Kleinasiens zu ver-stärken. Gleichzeitig wurde das Reich von neuen Feinden aus dem Westen bedroht.

Die Normannen hatten sich auf ehemals byzantinischem Gebiet in Süditalien und auf Sizilien niedergelassen und eine Atmosphäre gegenseitiger Feindschaft zwischen sich und der Reichsregierung in Konstantinopel heraufbeschworen. Im Jahr 1031 überquerte ein normannisches Heer die Adria, griff Korfu an und belagerte Du-razzo (die Stadt Durrës an der albanischen Adriaküste). Die Vene-zianer kamen der Reichsregierung zu Hilfe und wurden dafür reich belohnt. Die Handelsprivilegien, die sie im Jahr 1082 aushandel-ten, sicherten eine praktisch unangreifbare Vormachtstellung, die über ein Jahrhundert lang fast unverändert bestehen blieb.

Sie ließen die Gelegenheiten, die sich ihnen im 12. Jahrhundert in den Kreuzfahrerstaaten boten, nicht ungenutzt. In den Küsten-städten Akko und Tyros entstanden privilegierte Handelsviertel, die tatsächlich bemerkenswerte Vorteile genossen. In Tyros forderten und sicherten sich die Venezianer ein volles Drittel nicht nur der Stadt, sondern auch der Umgebung, über die sie eifersüchtig wach-ten. Nach der „lateinischen" Eroberung von Byzanz im Rahmen des katastrophalen Vierten Kreuzzugs breiteten sich die Venezia-ner auch auf vielen Inseln in der Ägäis und auf dem Festland des Peloponnes aus – zum Beispiel auf Kreta, Evvoia, Andros, Naxos, Santorin, Methóni und Koróni. Die Inselgruppe wurde zu einer Art „Archipel-Herzogtum", das von der mächtigen Sanudo-Fami-lie regiert wurde. Aus der Handelsmacht Venedig war eine Reichs-macht geworden. Teile dieses Reiches erwiesen sich als äußerst langlebig. Kreta blieb bis 1669 venezianisch, und der letzte dortige venezianische Besitz ging erst 1718 an die Osmanen über.

Im Vergleich zu Venedig drängte Genua erst relativ spät auf den byzantinischen Handelsmarkt. Zwar waren die Genueser ab 1155 in Konstantinopel präsent, doch ihre große Chance bot sich erst ein Jahrhundert später.

Im Jahr 1261 halfen sie bei der Wiedereinsetzung eines griechi-schen Herrschers in Konstantinopel und wurden dafür mit Handels-privilegien belohnt, die auf Kosten der Venezianer gingen. Darauf-hin entstand zwischen den beiden Städten große Rivalität um die Vormachtstellung in dieser Region. Stützpunkte der Genueser gab es nicht nur in Konstantinopel, sondern auch in der Ägäis, auf der Krim und in Trabzon am Schwarzen Meer. Auch diese hielten sich zum Teil sehr lange. So hielt Genua beispielsweise die Insel Khiós bis in das Jahr 1566. Genueser Kaufleute waren auch näher der Heimat aktiv, zum Beispiel im zentralen und westlichen Mittel-meerraum.

Gegen Mitte des 12. Jahrhunderts wurde das Genueser Handels-aufkommen mit Sizilien nur noch durch die Handelsbeziehungen mit Ägypten und den Kreuzfahrerstaaten übertroffen; außerdem existierten bereits Handelsverbindungen mit Spanien, Tunesien, Algerien und Marokko. (Man kann die Handelsbeziehungen heute noch ziemlich genau verfolgen, da Notare in der zweiten Hälfte des 12. Jahrhunderts begannen, Akten darüber anzulegen, die glücklicherweise erhalten sind.)

Die Genueser Kaufleute wagten sich inzwischen durch die Straße von Gibraltar und tasteten sich die Atlantikküste in Richtung Marokko vor. Bald wurden die Ersten noch kühner. Im Jahr 1291 brachen die Gebrüder Vivaldi auf, „um Indien über den Seeweg zu erreichen"[1]. Man hörte nie wieder von ihnen. Zwei Jahrhunderte später sollte ein anderer Genueser Kaufmann erfolgreicher sein.

Die mittelalterlichen Handelsbeziehungen im Mittelmeerraum werden von Historikern traditionell so beschrieben, als ob sie ausschließlich von Italienern aufrechterhalten wurden. Durch die Konzentration auf Venezianer, Pisaner und Genueser wurden andere Kaufleute und Unternehmer kaum beachtet, beispielsweise in mehreren französischen Städten, vor allem in Marseille, sowie in Ostspanien, insbesondere in Barcelona.

Ein Register mit Verträgen aus dem Jahr 1248 zeigt, dass ein einzelnes Schiff aus Marseille in die Kreuzfahrerstaaten fuhr. Die Ladung bestand hauptsächlich aus Textilien eigener Produktion (aus Avignon, Narbonne, Tarascon), aber auch von weiter weg: So enthielt die Ladung einige Ballen des berühmten, englischen Stamford-Stoffs.

Barcelona zählte zu den städtischen Erfolgsgeschichten des 12. und 13. Jahrhunderts. Aus der küstennahen Handelsschifffahrt entwickelten sich weit reichendere Netze, die untrennbar mit einer Flagge verbunden waren, nachdem die Herrscher einer Föderation namens Corona de Aragón, „Krone Aragóns", ein Seeimperium errichtet hatten, das die Balearen (1229–1232), Sizilien (1282) und Teile Sardiniens umfasste. Auch entlang der Nordküste Afrikas wurden katalanische Handelsposten errichtet. Im Jahr 1300 reichten die Beziehungen Barcelonas bis in Gebiete südlich der Sahara und im Osten bis zum Schwarzen und Roten Meer.

Einige der kolonialen Außenbastionen waren selbst Quellen für Handelsgüter. Die Kreuzfahrerstaaten waren zwar nicht besonders produktiv, doch die Seide aus Antiochia, Tripolis und Tyros wurde ebenso nach Westen importiert wie der Zucker – damals ein sehr teures Luxusgut – aus dem Jordantal. Genua führte Alaun – ein wichtiger Stoff für die Textilfärber – aus Izmir und Trabzon für die Weber und Bleicher der westlichen Christenheit ein. Die Insel Khiós war die wichtigste Quelle für Mastix, ein aromatisches Harz, das sich in der europäischen Oberschicht teils als Zahnpasta, teils als Kaugummi großer Beliebtheit erfreute.

Das wichtigste Merkmal des aufkommenden Handels – und in vieler Hinsicht auch sein Antrieb – bestand in dem Versuch, Handelsrouten zu beschreiten, die bis in fernste Länder reichten, die nie zuvor ein Europäer betreten hatte.

Der nördliche Teil der Kreuzfahrerstaaten lag am westlichen Ende einer Überlandroute, die sich über das nördliche Mesopotamien und den Iran nach Zentralasien und schließlich bis nach China erstreckte. Im 13. Jahrhundert sollte die Familie Polo diesen Weg einschlagen. Kaufleute aus Ägypten segelten über das Rote Meer bis in den Indischen Ozean. Der Florentiner Francesco Pegolotti veröffentlichte im Jahr 1330 ein Handbuch für Kaufleute, in dem fast 300 „Aromen" verzeichnet waren, von denen der überwiegende Teil aus dem Fernen Osten in den Mittelmeerraum importiert werden musste. „Aroma" war allerdings ein dehnbarer Begriff, der neben exotischen Gewürzen auch Arzneimittel, Kosmetika, Färbemittel und exotische Früchte beinhaltete. Pegolottis Liste offenbart, welche Produkte damals im Westen begehrt waren (und für die hohe Preise gezahlt wurden): Zimt, Kumin, Datteln, Bockshornklee, Ingwer (fünf Sorten), Indigo, Krapprot, Moschus, Opium, Sandelholz, Seidenraupen-Eier, Terpentinöl ... Zu dieser Zeit hatten Genueser und Katalanen auch die nördlichen Enden der Handelsrouten erreicht, die sich durch die Sahara nach Timbuktu am Niger zogen, wo Gold, Elfenbein und Sklaven gehandelt wurden.

So verdrängte der christlich-europäisch geprägte Handel in der Zeit zwischen 1050 und 1250 nach und nach die muslimisch-jüdisch-griechische Hegemonie der vorangegangenen Epoche. Obwohl diese Vormachtstellung auch in späteren Zeiten mehrfach bedroht war, zum Beispiel durch die Expansion der Osmanen (siehe fünftes Kapitel), konnte sie nicht gebrochen werden. Dies hatte weit reichende Konsequenzen. Die Verbindung des Mittelmeerhandels mit dem nordeuropäischen Handel führte in Kombination mit technischem Fortschritt und verbesserter Infrastruktur (Handelspartnerschaften, Kreditanstalten, Banken, Buchhaltung, Versicherungen usw.) zur Entstehung des europäischen, kapitalistischen Merkantilismus, der später die Welt dominieren sollte.

Diese Entwicklungen seien an dieser Stelle nur am Rande erwähnt. Sehr interessant und ebenso schwierig ist dagegen die Entflechtung der Zusammenhänge. Wie gelang es den westlichen Kaufleuten, ihre Rivalen im Mittelalter zu überflügeln? Auf diese Frage gibt es keine einfache Antwort. Das politische Wiederaufleben des Christentums im Mittelmeerraum – Kreuzzüge, Sizilien, Spanien – reichte nicht aus, um die Seefahrt unter westliche „Kontrolle" zu bringen, wie einige Historiker dies nennen. Bis ins 19. Jahrhundert hinein blühte dort die Piraterie. Der Begriff „Kontrolle" macht im Hinblick auf das Mittelmeer vor der Moderne (und vielleicht sogar während) wenig Sinn. Was die Grundlagen erfolgreichen Handels betrifft – Technologie, Fähigkeiten, Waren, Mentalität –, war die islamische Welt der christlichen fast in jeder Hinsicht eindeutig überlegen, obwohl der Westen langsam aufholte. Die Theorie, dass der Handel sich am besten in Gesellschaften mit Institutionen entwickelt, die Frieden, Ordnung und Stabilität garantieren, hört sich auf den ersten Blick vielversprechender an. Insgesamt gesehen gelang es den Christen, sich diesem Zustand anzunähern, während der islamische Mittelmeerraum – im Gegensatz zu anderen Gebieten der islamischen Welt – ihn allmählich verlor.

Bei genauerer Betrachtung zeigt sich jedoch, dass diese Argumentation nicht standhalten kann. Die institutionell progressivsten Staaten des europäischen Mittelalters lagen nämlich nicht am Mittelmeer, wo die kommerzielle Revolution stattfand, sondern weiter nördlich. Italien und die Krone von Aragón waren im Mittelalter nicht sonderlich für Frieden, Ordnung und Stabilität bekannt. Allerdings verdient das Argument in modifizierter Form weitere Beachtung. Städte, die von Kaufleuten für Kaufleute regiert werden, bemühen sich grundsätzlich, den Handel zu fördern – ob es sich dabei nun um unabhängige Republiken (Venedig) handelt oder um Gemeinschaften, die sich vorwiegend um sich selbst kümmerten, ohne dass ihre Monarchen versuchten, darauf größeren Einfluss zu nehmen (Barcelona).

Stadtstaaten wie diese blühten im christlichen Mittelmeerraum auf. Warum geschah auf islamischem Gebiet nicht dasselbe? Die Frage bleibt unbeantwortet und eröffnet doch neue Perspektiven.

Geschäftsleute sind trotz verschiedener kultureller Hintergründe gezwungen, miteinander zu kommunizieren. Ob und wie dies im Einzelnen gelang, ist nicht bekannt. Da viele Begriffe aus dem „Business-Arabisch" jedoch Eingang in mehrere moderne europäische Sprachen gefunden haben, darf man vermuten, dass es eine Art internationale Handelssprache gegeben hat, die Kaufleute unterschiedlicher Nationen beherrschten. So ist das Wort „Zoll" in den romanischen Sprachen – *aduana, dogana, douane* usw. – eindeutig von dem arabischen (ursprünglich persischen) Begriff *diwan* abgeleitet, der so viel wie „Geschäftsbuch" bedeutet, aber sich im weiteren Sinne auch auf die Regierungsverwaltung bezieht, etwa ein Standesamt. Ebenso bezeichnend ist die Verbreitung der arabischen – ursprünglich aus Indien stammenden – Ziffern im 13. und 14. Jahrhundert.

Wie genau die damaligen Kontakte verliefen, ist nicht bekannt, da uns keine zuverlässigen Quellen zur Verfügung stehen. Begegneten Christen und Muslime sich mit Misstrauen oder mit gezwungener Freundlichkeit? Oder mit der Freundschaftlichkeit, die einen adeligen Aristokraten wie Usamah ibn Munqidh mit den ihm bekannten Franken der Kreuzfahrerstaaten verband?

Über das Wesen anderer Beziehungen weiß man mehr, beispielsweise über die Beziehung zwischen Herrschern und Untertanen. Die politische Expansion des Christentums im Mittelmeerraum zur Zeit der Kreuzzüge warf eine Frage auf, die sich die Führungsschichten von Staat und Kirche bis dahin nicht stellen mussten. Wie verwaltet man eine Gemeinde, die einer fremden Kultur angehört? Grundsätzlich wird diese Frage für Christen anders beantwortet als für Muslime.

Wie im ersten Kapitel beschrieben, fordert die islamische Gesetzgebung Toleranz gegenüber dem „Volk der Bibel". Im Christentum gibt es nichts Vergleichbares, sodass das Schicksal eroberter muslimsicher Völker vollständig in der Hand der Eroberer lag. In der Praxis war der Unterschied allerdings nicht so groß, wie die Theorie vermuten lässt. Christen erfuhren unter islamischer Herrschaft Restriktionen, die als Schikane bezeichnet werden müssen. Sie waren ganz eindeutig Bürger zweiter Klasse. Im Lauf der Zeit wurde ihr Status sogar ständig gesenkt. Die wachsende Zahl der Übertritte zum Islam und die gleichzeitige Öffnung der islamischen Gesellschaft nach außen (siehe zweites Kapitel) führte dazu, dass traditionell christliche Einflussbereiche plötzlich verschlossen blieben. Die beruflichen Karrieren des Johannes von Damaskus und seiner Vorgänger im 7. und 8. Jahrhundert waren im 11. und 12. Jahrhundert nahezu unvorstellbar (im Gegensatz zur Zeit der Mongolenherrschaft im 13. Jahrhundert, aber das ist eine andere Geschichte).

Umgekehrt wurden unbegrenzter Willkür und Machtausübung auf Seiten christlicher Herrscher – natürlich nicht immer, aber sehr häufig – durch Sachzwänge Grenzen gesetzt. Entscheidend dafür war vor allem die Notwendigkeit, die Bevölkerungszahl konstant zu halten, um sich ausreichend Arbeitskräfte zu sichern. Die einheimischen Muslime in den Lehnsstaaten der Kreuzfahrer wurden im Allgemeinen nicht ausgewiesen, sondern aufgefordert, zu bleiben und das Land zu bestellen. Die christlichen Herrscher lebten zu ihrer Sicherheit in befestigten Städten und Burgen. Das Leben auf dem Land änderte sich kaum: Man entrichtete die Abgaben weiterhin, nur die Adressaten hatten sich geändert. Dies soll nicht heißen, dass die Stimmung zwischen den Kulturen nur von Harmonie geprägt war. Die Muslime waren unter christlicher Herrschaft ebenso wie die Christen unter den Muslimen fortgesetzter Diskriminierung ausgesetzt, zum Beispiel was die Farbe der Kleidung betraf, die sie tragen beziehungsweise nicht tragen durften.

Wer zum Christentum konvertierte, hatte die Möglichkeit, die Klassenschranken zu überwinden (auch wenn dies nicht einfach war und nicht immer begrüßt wurde). Wer dem Islam treu blieb, wurde grundsätzlich aus der Distanz misstrauisch beobachtet.

Im zentralen und westlichen Mittelmeerraum gab es Regionen, in denen Muslime und Christen länger nebeneinander lebten als in den kurzlebigen Kreuzfahrerstaaten.

Als normannische Abenteurer im 11. Jahrhundert Sizilien eroberten, fanden sie sich plötzlich als Herrscher über eine gemischte, muslimische und christliche Bevölkerung wieder (wobei die Christen in religiöser Hinsicht eher griechisch als lateinisch geprägt waren). Unter ihrer Schirmherrschaft wurde die Vermischung der Kulturen gefördert, was zu bemerkenswerten Fortschritten in der Wissenschaft und zu wunderschönen Ergebnissen in der Kunst führte. Ein Beispiel für Letzteres ist die Kathedrale von Monreale nahe Palermo, die zwischen 1174 und 1189 entstand. Man darf daraus nicht schlussfolgern, dass dies eine harmonische Gesellschaft war. Viele Muslime, die es sich leisten konnten, wanderten im 12. und 13. Jahrhundert nach Afrika aus (so wie zuvor viele Christen aus Afrika in das christlich geprägte Italien ausgewandert waren – siehe zweites Kapitel). Die ärmeren Muslime, die blieben, litten unter der christlichen Herrschaft. Im Anschluss an einen langen Aufstand ließ Kaiser Friedrich II. im Jahr 1223 – zu diesem Zeitpunkt war das Königreich von Sizilien zwangsweise an das Heilige Römische Reich angeschlossen worden – den Großteil der noch verbliebenen muslimischen Inselbevölkerung, etwa 20 000 Menschen, auf das italienische Festland deportieren, wo sie nach und nach in die christliche Kultur eingegliedert wurden. Dieses Vorgehen nahm in gewisser Weise bereits die Vertreibung der Morisken aus Spanien vorweg, die vier Jahrhunderte später erfolgte.

Die islamische Lehre förderte die Migration. „Die Pflicht, aus den Ländern der Ungläubigen fortzuziehen, wird bis zum Jüngsten Tag bestehen bleiben."[2] So lautete ein Gesetz, das dem Juristen und Gelehrten Ibn Rushd von Córdoba, besser bekannt als Averroos, zugeschrieben wird. Viele gingen freiwillig. Der Exodus der Muslime aus Saragossa nach der Eroberung durch die Aragonier im Jahr 1118 machte aus ihr eine Geisterstadt. Andere gingen unter Zwang. Die kastilischen Eroberer, die 1248 Sevilla einnahmen, vertrieben jeden einzelnen Muslim aus der Stadt, um sie zu einer rein christlichen zu machen. Heute würde man dieses Vorgehen als ethnische Säuberung bezeichnen. Die Folgen waren allerdings bezeichnend.

Schon bald musste die Vorgehensweise in Sevilla umgekehrt werden. Die Stadt hätte unter christlicher Führung nicht mehr funktioniert, wenn man den Einwohnern nicht gestattet hätte, zurückzukehren und sie zu bevölkern. Wie in den Kreuzfahrerstaaten wollte man die besiegten Muslime auch in Spanien dazu bringen, zu bleiben und zu arbeiten. Wer blieb, wurde von den Arabern als al-Mudajjar bezeichnet, was so viel wie „gestattet zu bleiben" bedeutet. Aus diesem Wort wurde das spanische *mudéjar* abgeleitet, das heutige Historiker (sowohl als Nomen als auch als Adjektiv) verwenden, um die Kultur der Muslime unter christlicher Herrschaft auf der Iberischen Halbinsel zu beschreiben.

Das Verbreitungsgebiet der Mudejaren war sehr unterschiedlich. Während es etwa in Katalonien fast überhaupt keine Mudejaren gab, überstieg ihre Zahl im benachbarten Valencia – der Region, nicht der Stadt – die der Christen bei weitem. Das Verhältnis betrug etwa 5 : 1, und die islamische Identität hinsichtlich Glaube, Sprache und Kultur blieb über Jahrhunderte erhalten. Valencia war allerdings keine typische Region. In anderen Gebieten Spaniens und Portugals war es sehr viel schwieriger, die islamische Identität zu wahren. Die Emigration der islamischen Elite, zum Beispiel aus Sizilien, betraf nicht alle, aber die meisten muslimischen Gemeindevorsteher. Die Beschlagnahmung der größten Moschee einer eroberten Stadt sowie ihre häufig erfolgende Umwandlung in eine christliche Kirche wie etwa in Córdoba lockerte die gesellschaftliche Geschlossenheit, die durch regelmäßiges gemeinsames Beten gefestigt worden war.

Die Mudejaren waren in wirtschaftlicher und gesellschaftlicher Hinsicht zumeist sehr niedrig gestellt. Sie gingen hauptsächlich Beschäftigungen wie denen des Maultiertreibers, Maurers, der Wäscherin, des Gärtners oder Töpfers nach. Die romanischen Sprachen verdanken ihnen Tausende von Begriffen, die dem Arabischen entlehnt sind, und bereicherten die Handwerkskunst der Halbinsel mit ihren Gips-, Holz-, Fliesen- und Keramikarbeiten. Dennoch blieb den Mudejaren der gesellschaftliche Aufstieg verwehrt, wenn sie nicht bereit waren zu konvertieren. Wie die Christen unter den Muslimen waren auch die Muslime unter den Christen Bürger zweiter Klasse, die Diskriminierungen und teilweise Demütigungen ertragen mussten, die ihnen ihren niedrigen Rang ständig bewusst machten. Mudejaren hatten keinen Zugang zur Verwaltung der Stadt, in der sie lebten. Auch vor dem Gesetz waren sie schlechter gestellt. So waren Geldstrafen für Verbrechen gegen Mudejaren geringer, als wenn sie gegen Christen begangen wurden, sodass es für Christen im Grunde „billiger" war, Muslime zu bestehlen als ihresgleichen. Es war relativ einfach, sie zu versklaven – so geschehen mit der Gesamtbevölkerung von Menorca, das 1287 erobert wurde –, aber sehr schwierig für sie, ihre Freiheit auf juristischem Weg wiederzuerlangen. Wenn die Hostie bei Prozessionen durch die Straßen getragen wurde, mussten auch Muslime niederknien. Künstler stellten sie vorzugsweise in unterwürfiger Haltung dar. Sancho IV. von Kastilien (1284–1285) erklärte in einem Handbuch, das er für seinen Sohn verfasst hatte: „Der Maure ist schlicht ein Hund und die Maurin eine Hündin."[3]

Wenn man sich all diese Beschreibungen genauer ansieht, erkennt man, dass einige von ihnen so genannte „normative" oder „präskriptive" Darstellungen sind, das heißt, sie leiten sich von gesetzlichen Erlassen ab, die nicht unbedingt dem realen gesellschaftlichen Alltag entsprechen. Allerdings könnten sie es. Was soll der Historiker glauben? Um ein einfaches Beispiel zu geben: Eine spanische Stadtverwaltung verfügte, dass Christen, Muslime und Juden die Bäder der Stadt nur an bestimmten Wochentagen benutzen durften – bedeutet dies, dass eine solche Regelung getroffen werden musste, weil man sich sonst nicht daran hielt?

Oder wurde sie aus ganz anderen Gründen verfügt, etwa aus finanzpolitischen Gründen, um Badehausbesitzer mit Geldstrafen belegen zu können, wenn sie dagegen verstießen?

Das Beispiel der Badehäuser erinnert daran, dass das von Historikern gern mit dem spanischen Begriff *convivencia* bezeichnete „Zusammenleben" von Christen und Muslimen im mittelalterlichen Spanien sich auch auf die private Ebene des gesellschaftlichen Lebens erstreckte, die wissenschaftliche Untersuchungen über jene Zeit kaum näher beleuchten. Wo man lebte, wie man sich kleidete, welche Straßen man entlangging, wo man einkaufte oder badete oder sich seines Hausmülls entledigte, die Sprachen und Gesten, die man benutzte, welche Nahrung man aß und wie man sie zubereitete, welche Haustiere man hielt, wie man seine Kinder erzog, welche Schimpfworte man verwendete – all diese Dinge verdeutlichen kulturelle Identitäten und zeigen damit auch Grenzen zwischen ihnen auf, die mehr oder weniger einfach zu überwinden waren, Schwellen, denen man sich allenfalls mit großer Vorsicht nähern sollte.

Die intimsten Kontakte, die daher auch den meisten Zündstoff bargen, waren sexueller Natur. Sie wurden mit gebotener Rücksicht und Sensibilität von David Nirenberg untersucht, der sich hauptsächlich auf die reichhaltigen Archive der Krone von Aragón stützte (der einzigen Region im Mittelmeerraum, in der Beziehungen dieser Art tatsächlich dokumentiert wurden). Im Jahr 1311 ging das Gerücht um, das christliche Mädchen Prima Garsón habe ein Verhältnis mit seinem muslimischen Nachbar Ali. Prima geriet in Panik und floh. Ali wurde auf dem Scheiterhaufen verbrannt. Als man Prima schließlich ausfindig machte und medizinisch untersuchte, ergab sich, dass sie noch Jungfrau war.

Prima war also unschuldig, ebenso wie der unglückliche Ali. Dies ist keine schöne Geschichte. Prima floh aus Angst, weil im Fall einer Beziehung zwischen einem muslimischen Mann und einer christlichen Frau beide Partner mit dem Tod bestraft werden konnten. Im umgekehrten Fall, also einer Beziehung zwischen einem christlichen Mann und einer muslimischen Frau konnte der Mann höchstens in Ungnade fallen, während die Frau bestraft wurde: Das Gesetz schrieb die Todesstrafe vor, die aber meistens in Sklaverei umgewandelt wurde. (Es war übrigens für alle drei Glaubensrichtungen im Mittelmeerraum erlaubt, geschlechtliche Beziehungen zu Sklaven zu unterhalten.) Die Sklaverei lohnte sich sowohl für die Krone, die die Sklaven verkaufen konnte, als auch für die Ankläger, denn sie erhielten einen Anteil an dem Verkaufspreis. Für eine Frau war der einzige Ausweg das Bekenntnis zum Christentum. Ein Fall aus dem Jahr 1356 zeigt, wie weit der Missbrauch – im wahrsten Sinne des Wortes – getrieben wurde. Man fand heraus, dass die Mönche (sic!) von Roda mit muslimischen Frauen schliefen, die sie daraufhin wegen unerlaubten Geschlechtsverkehrs denunzierten, damit sie versklavt wurden, die Belohnung kassierten und die Frauen danach mit Erlaubnis des Königshofs entweder zu ihrer „Unterhaltung" behielten oder verkauften. Der Islam unterstützte die Gesetzgebung der Christen.

Im Jahr 1347 schickten die Mudejaren von Valencia eine Petition an den König, in der sie die Todesstrafe ohne die Möglichkeit der Umwandlung in eine Geldstrafe für Frauen forderten, die sich des Beischlafs mit Nicht-Muslimen schuldig gemacht hatten. Wer die kulturellen Barrieren auf diese Weise durchbrach, entehrte nicht nur die Familie der Frau, sondern gleich die der gesamten muslimischen Gemeinde. Ysa Yabir von Segovia, im 15. Jahrhundert Autor eines Buches über die Verhaltensregeln für spanische Muslime, äußerte sich unmissverständlich: „Weder Mann noch Frau soll mit Ungläubigen schlafen oder sie gar heiraten."[4] Es handelte sich hier um eine Frage der Religion, nicht der Abstammung.

Es gibt viele Belege dafür, dass christliche Männer Frauen heirateten, die vom Islam zum Christentum konvertierten und damit die Hinweise aus der Literatur wie in *Digenis Akritas* stützten. Diese Ereignisse reichten bis in die obersten Gesellschaftsschichten. Eine der Ehefrauen des mehrfach verheirateten Königs Alfons VI. von Kastilien (1065–1109) war die Prinzessin Zaica, die Witwe eines Gouverneurs von Córdoba, deren Vater der mächtigste Herrscher der Taifa-Staaten gewesen war: Emir al-Mutamid von Sevilla (1069–1091). Ihr Sohn Sancho wäre seinem Vater auf dem Thron nachgefolgt, wäre er nicht bei der furchtbaren Schlacht von Uclés im Jahr 1108 gefallen.

Die *Convivencia* war grundsätzlich von Spannungen geprägt. In den Kreuzfahrerstaaten, auf Sizilien oder in Spanien lebten Muslime und Christen zwar nebeneinander, aber dennoch getrennt. Multikulturell waren diese Gesellschaften nur insofern, als Menschen unterschiedlicher Kulturen in demselben Gebiet lebten. Multikulturell im Sinne von integriert, wie der Begriff heute verstanden wird, waren sie allerdings keineswegs. Eigentlich wollten sie das auch gar nicht sein. Der Multikulturalismus wäre Menschen wie König Sancho IV. oder Ysa Yabir oder den Einwohnern von Daroca, die den unglücklichen Ali verbrannt hatten, nie als erstrebenswertes Gut erschienen.

Das Gebiet, auf dem Christen und Muslime am meisten voneinander lernten und profitierten, lag im intellektuellen Bereich. Wie im zweiten Kapitel dargelegt, bestand eine der wichtigsten kulturellen Entwicklungen der frühen abbasidischen Periode darin, dass die Gelehrten sich das wissenschaftliche und philosophische Wissen der Antike aneigneten, indem sie die entsprechenden Texte ins Arabische übersetzen ließen. Die Verbreitung dieses Wissens über den ganzen *Dar al-Islam* wurde ebenso gezeigt wie die aufkeimende Erkenntnis bei den westlichen Gelehrten, etwa das mathematische Interesse von Gerbert von Aurillac, dass sie von ihren muslimischen Nachbarn eine Menge lernen konnten. Im 12. und 13. Jahrhundert wurden die Texte aus dem Arabischen ins Lateinische übersetzt und so den Gebildeten zugänglich gemacht. Die Bedeutung dieses Prozesses für die intellektuelle Entwicklung der Welt kann man gar nicht hoch genug einschätzen.

Als Beispiel dient hier Adelard von Bath, der auch „der erste englische Wissenschaftler"[5] genannt wird. Adelard lebte etwa von 1090 bis 1160 und hielt sich zu Beginn des 12. Jahrhunderts sieben Jahre lang in den Kulturräumen von Sizilien und Syrien auf. Eine Zeit lang glaubte man, er sei auch in Spanien gewesen, doch der heutige Forschungsstand lässt dies zumindest zweifelhaft erscheinen. (Sein Leben ist nicht lückenlos dokumentiert. Als gesichert gilt, dass er sich im November 1114 in Mamistra, heute Misis, nahe Adana im Südosten der Türkei, aufhielt. Die Brücke, die er damals schwanken sah, als sie durch ein Erdbeben erschüttert wurde, steht noch heute.) Auf seinen Reisen erwarb Adelard nicht nur Bücher, sondern vermutlich auch Kenntnisse der arabischen Sprache, sodass es ihm möglich war, die Bücher auch selbst zu übersetzen. Seine Werke beinhalten zwei Übersetzungen aus dem Arabischen, aber auch eigene Schriften, die seine Arabischkenntnisse bestätigen. Seine Übersetzung der arabischen Version von Euklids *Elemente* brachte dem Christentum das einflussreichste Werk der Geometrie, das je geschrieben wurde. Es sollte im Westen zum

Standardlehrbuch werden und diese Stellung acht Jahrhunderte lang behalten. Seine Übersetzung der *Zijj*, oder der Sternkarten, von al-Khawarizmi (gest. 840), die von Maslama al-Madjriti überarbeitet wurden (gest. 1007), machte das damals beste Nachschlagewerk dieser Wissenschaft dem Westen zugänglich.

Neben seinen Übersetzungen verfasste Adelard selbst ein Buch über die Handhabung des Abakus, eine Abhandlung über Pflege und Haltung von Falken sowie eine Gebrauchsanweisung für ein Astrolabium, die er für Prinz Heinrich verfasste, der später König Heinrich II. von England (1154–1189) wurde. Adelard interessierte sich auch für Astrologie – die damals noch als exakte Wissenschaft galt – und zeichnete gegen Ende seines Lebens zehn Horoskope für Mitglieder der englischen Königsfamilie auf. Die Interpretationen dieser Horoskope sind erhalten, das offenbar von Adelard selbst geschriebene Manuskript befindet sich in einer britischen Bibliothek.

Adelards Lebensweg ist in jeder Hinsicht faszinierend, nicht nur, was seine Demonstration der Verbindung von Wissen und Macht betrifft. Sein fragmentarisch erhaltener Lebenslauf lässt vermuten, dass er nach seiner Rückkehr mit hoch gestellten Persönlichkeiten verkehrte, außerdem erhielt er später vermutlich eine Stelle als Astrologe am Königshof. Wenn dies zutrifft, war Adelard, der nicht nur vorhersagen musste, was als Nächstes geschehen würde, sondern auch vorschlug, was der König daraufhin zu unternehmen hätte, einer der wichtigsten königlichen Berater. Möglichkeiten wie diese gehörten zu den Anreizen, sich im 12. und 13. Jahrhundert bis dahin unbekanntes Wissen anzueignen.

Adelard markiert den Beginn einer Zeit, in der arabische und griechische Werke intensiv ins Lateinische übertragen wurden, sodass den westlichen Gelehrten bald ein ganzes Füllhorn an Wissen und Aufklärung zur Verfügung stand. Die größten Aktivitäten entfalteten sich in Spanien und Italien; weit geringer waren sie in den Kreuzfahrerstaaten. In Italien tendierte man dazu, aus dem Griechischen direkt ins Italienische zu übersetzen. So übertrug zum Beispiel Jakob von Venedig viele wissenschaftliche Schriften von Aristoteles. In Spanien hielt man sich hauptsächlich an arabische Texte, darunter auch arabische Übersetzungen griechischer Schriften.

Das Problem, sich durch den Umweg über eine weitere Sprache zu weit vom Originaltext zu entfernen, wurde dadurch kompensiert, dass muslimische Gelehrte die Texte kommentierten und mit Anmerkungen zur Verdeutlichung versahen. So übersetzt der irische Gelehrte Michael Scot Aristoteles' Werk *Über die Tiere* im Jahr 1216 zusammen mit einem Kommentar von Ibn Sina (oder Avicenna: siehe zweites Kapitel).

Dieses gewaltige Unternehmen war in keiner Weise geplant, ebenso wenig wie die früheren Übersetzungen aus dem Griechischen ins Arabische. So kam es zwangsläufig zu Mehrfachübersetzungen. Der *Almagest* von Ptolemäus, das wichtigste astronomische Werk der Antike, wurde 1160 auf Sizilien von einem unbekannten Schreiber übersetzt. Etwa zur selben Zeit übertrug es der renommierte Übersetzer Gerhard von Cremona in Toledo aus dem Arabischen ins Lateinische. Keiner von beiden wusste, was der andere gerade tat. Unvermeidlich war auch, dass sich die Qualität der Arbeiten dramatisch unterschied. Michael Scot geriet seine Übersetzung von Aristoteles' *Tiere* eher lax, sie war nur darauf bedacht, den ungefähren Inhalt jedes Absatzes zu vermitteln. Eine Generation später, im Jahr 1260, machte sich der flämische Gelehrte Dominican William von Moerbeke an eine Neuübersetzung. Er übersetzte direkt aus der griechischen Sprache, ging deutlich sorgfältiger vor und erstellte eine präzise und literarisch hochwertige Wiedergabe.

Die damals gängigen Arbeitsmethoden leisteten der Ungenauigkeit teilweise Vorschub. Der Engländer Daniel von Morley, ein Schüler Gerhards von Cremona, arbeitete von 1180 bis 1200 als Übersetzer in Toledo und hinterließ eine Beschreibung der Arbeitsweise seines Meisters. Gerhard hatte einen Assistenten, Ghalib der Mozarabite, der den Text mündlich in die Landessprache, also frühes kastilisches Spanisch, übertrug. Gerhard hörte zu und schrieb den Text daraufhin in lateinischer Sprache nieder.

Im Falle von Ptolemäus' *Almagest* war die Übertragungskette also sehr lang: aus der griechischen in die syrische Sprache, dann ins Arabische (unter barmakidischer Schirmherrschaft, wie im zweiten Kapitel dargelegt), von dort aus mündlich ins Spanische, von wo aus der Text schließlich von einem Italiener ins Lateinische übertragen wurde. Natürlich entstanden so große Fehlerquellen – ganz abgesehen von den Übertragungsfehlern beim Abschreiben der Texte.

Gerhard von Cremona war der renommierteste Übersetzer seiner Zeit. Während der fast 50 Jahre, die er sich in Toledo aufhielt, von ca. 1140 bis zu seinem Tod im Jahr 1187, übersetzte er nach heutiger Schätzung mindestens 88 Werke aus der arabischen in die lateinische Sprache. Wovon haben er und seine Kollegen gelebt? Häufig wissen wir es einfach nicht. Wir wissen zum Beispiel nicht, wie Adelard von Bath seine Reisen nach Italien und Syrien finanziert hat. Patronate waren unerlässlich in der Zeit kurz vor der Gründung der ersten Universitäten und dem Aufkommen des akademischen Berufsstands. Michael Scot profitierte von der Unterstützung des Erzbischofs von Toledo und danach des Kaisers Friedrich II. Auch Gerhard von Cremona scheint vom Erzbischof gefördert worden zu sein, denn bei „Meister Gerhard", der in der Kathedrale von Toledo in der zweiten Hälfte des 12. Jahrhunderts ein Kanonikat innehatte, handelte es sich wahrscheinlich um ihn. Adelard von Bath genoss in seiner zweiten Lebenshälfte vermutlich die Unterstützung des Königshofs. Englische Herrscher waren im Vergleich zu ihren Pendants auf dem Kontinent jedoch relativ kleinlich, was die Unterstützung von Lehre und Forschung betraf. Alfons X. von Kastilien (1252–1284) stellte eine Gruppe von Gelehrten zusammen, die unterschiedliche Abhandlungen, basierend auf Übersetzungen aus dem Arabischen, verfassten: Enzyklopädien der Astronomie und Astrologie, illustrierte Anleitungen für Schach und andere Spiele, Lexika der Edelsteine inklusive ihrer medizinischen Wirkungen oder magischen Kräfte und vieles mehr.

Alfons X. ist ein gutes Beispiel dafür, dass Könige sowohl Originalwerke als auch Übersetzungen in Auftrag geben konnten, und dies auch taten. Roger II. von Sizilien (1130–1154) beauftragte den tunesischen Gelehrten al-Idrisi mit der Erstellung eines umfassenden geografischen Werks, das verwirrenderweise *Kitab ar-Rujari*, „Rogers Buch", betitelt wurde. Der Autor stellte seinem Werk einen silbernen Globus zur Seite, ein frühes Beispiel interaktiver Illustration. Das Buch ist erhalten, der Globus leider nicht. Friedrich II. gab das größte Werk in Auftrag, das je über Falknerei geschrieben wurde – *De Arte Venendi cum Avibus* (Die Kunst der Jagd mit Falken) – und arbeitete persönlich daran mit. Diese Form der Unterstützung setzte sich durch, weil die betreffenden Herrscher sich als ruhmreiche Förderer der Forschung und Lehre bezeichnen konnten, aber auch, weil die Übersetzer das lieferten, was zu jener Zeit benötigt wurde. Als gutes Beispiel dienen Gerhards Werke. Über die Hälfte der Bücher, an denen er arbeitete, hatten mit Mathematik, Astronomie oder verwandten Wissenschaften zu tun, etwa ein Drittel waren medizinischer Natur, der Rest behandelte Philosophie und Logik. Diese Wissenschaften prägten die so genannte Renaissance des 12. und 13. Jahrhunderts.

Verlässt man Adelards Zeit und blickt ein Jahrhundert voraus, so erhält man einen Eindruck von dem gewaltigen Wissen, das inzwischen angehäuft wurde. Die Bandbreite griechischer oder arabischer Autoren, die Gelehrten wie Robert Grosseteste, Bischof von Lincoln (gest. 1253), oder seinem Schüler Roger Bacon (gest. 1292) zur Verfügung stand, hätte die Zeitgenossen Adelards maßlos erstaunt. Dasselbe gilt für die Institutionen, in denen gelehrt und studiert wurde. Die Lehre war aus den Klöstern mit ihrem zutiefst konservativen, fast ausschließlich der Bibel und den Kirchenvätern verhafteten Schrifttum herausgetreten. Die Gelehrten des 13. Jahrhunderts studierten und diskutierten in einer neuen Institution, die man „Universität" nannte – es gab sie in Paris, Bologna und Oxford, um nur einige zu nennen – und die mit Bibliotheken, Vorlesungssälen und Textbüchern ausgestattet waren.

Die Bedingungen der gelehrten Welt hatten sich vollständig verändert. In dieser und in manch anderer Hinsicht kann man das 13. Jahrhundert bereits als Teil unserer modernen Welt bezeichnen.

Da Aufzählungen leicht langweilig werden, seien hier nur drei Fachbereiche der Lehre, die in dieser Zeit entstanden, hervorgehoben: beginnend mit der Theologie.

Die drei miteinander verwandten, monotheistischen Religionen Judentum, Christentum und Islam sind „Offenbarungsreligionen". Sie basieren auf göttlichen Offenbarungen, die den Menschen gewährt wurden und in heiligen Schriften niedergelegt sind. Die Entdeckung des griechischen Gedankenguts der Antike, insbesondere der Werke Aristoteles', bedeutete eine Herausforderung. Plötzlich gab es ein philosophisches System, das die Welt auch ohne Offenbarungen erklären konnte. Dazu war nicht mehr nötig als Beobachten, Messen, logisches Schlussfolgern und das Prinzip von Ursache und Wirkung, letztlich also Vernunft. Ein Jude und ein Muslim machten sich gleichzeitig daran, diese beunruhigenden Fragen zu beantworten. Rabbi Moses Maimonides (1135–1204), der in Spanien geboren wurde, aber später nach Ägypten ging, gab seine Antwort in seinem *Führer der Unschlüssigen.* Averroes (1126–1198) hingegen verfasste Kommentare zu den Argumenten des Aristoteles, aber auch eigene Traktate, von denen einer den bedeutsamen Titel *Über die Übereinstimmung von Religion und Philosophie* trägt. Die Christen konnten sich natürlich erst später äußern, nachdem Maimonides und Averroes ins Lateinische übersetzt worden waren und gelesen werden konnten. Besonders scharf und apodiktisch äußerte sich Thomas von Aquin (1224 oder 1225–1274), dessen Auflösung der Konflikte zwischen Vernunft und Offenbarung zur Norm für den Katholizismus erhoben wurde. Thomas von Aquin bezog sich in seinem Werk auf keinen nichtchristlichen Denker so häufig wie auf Averroes. Bei westlichen Gelehrten genossen Averroes' Kommentare zu Aristoteles einen so hohen Stellenwert, dass er schließlich nur noch „der Kommentator" genannt wurde.

Dante zum Beispiel bezeichnete ihn so: „Averroes, der große Kommentator" (Hölle, IV. Gesang, 144) und stellt ihn in eine Reihe mit illustren, nichtchristlichen Intellektuellen, zu denen, wie im dritten Kapitel erwähnt, auch der sagenhafte Saladin zählt.

Der zweite Fachbereich war die Medizin. Die mangelhaften Kenntnisse des Westens hatten bereits im 12. Jahrhundert die Missbilligung von Usamah ibn Munqidh erregt. Hätte er zwei Jahrhunderte später gelebt, wäre sein Urteil vielleicht nicht so negativ ausgefallen. Die Geschichte beginnt im Benediktinerkloster von Monte Cassino in Süditalien, wo Mitte des 11. Jahrhunderts Konstantin „der Afrikaner" (er war aus Tunesien eingewandert) begann, medizinische Werke aus dem Arabischen ins Lateinische zu übersetzen, da er nach eigener Aussage „unter den in Latein verfassten Büchern keinen Autor finden konnte, der verlässlich erscheint"[6]. Im 12. und 13. Jahrhundert entwickelten sich die Übersetzungsaktivitäten in Italien und Spanien, wo der unermüdliche Gerhard von Cremona Avicennas *Kanon der Medizin* (siehe zweites Kapitel) und zwei Dutzend weitere medizinische Werke übersetzte. Neben einigen anderen Büchern wurde im 13. Jahrhundert auch Averroes' *Kullyiat* dem Korpus lateinischer Literatur hinzugefügt. Im Jahr 1300 war bereits eine beachtliche Reihe griechischer und arabischer Werke auf Latein erhältlich. Hauptsächlich behandelten sie die Medizin, und sie erstreckten sich von Verzeichnissen medizinisch wirksamer Stoffe bis hin zu praktischen Anleitungen für Chirurgie und Uroskopie (Harnuntersuchung). Medizinschulen hatten sich gebildet, die berühmteste von ihnen in Montpellier, wo angehende Ärzte die Texte studieren und ihre Fähigkeiten verbessern konnten. Das Zentrum der Aktivitäten kann man im Leben und dem Umfeld von Arnaldus von Villanova erkennen.

Er studierte in den 60er-Jahren des 13. Jahrhunderts in Montpellier und hatte während seiner gesamten beruflichen Laufbahn mit der Schule zu tun. Im Jahr 1309 war er der wichtigste Ratgeber für die päpstlichen Statuten, die den Lehrplan der Schule festlegten. Montpellier gehörte politisch damals zu Aragón, was die Karrierechancen Arnaldus' verbesserte. Im Jahr 1281 wurde er zum Leibarzt von König Peter III. von Aragón (1276–1285) ernannt. Er behielt diese Position – von kleinen Unterbrechungen abgesehen – unter dessen Söhnen Alfons III. (1285–1291) und Jakob II. (1291–1327), bis er 1311 bei einem Schiffsunglück starb. Jakob II. war nicht nur königlicher Abstammung, sondern auch ein Hypochonder, was sich für heutige Historiker als Glücksfall ausnimmt, denn seine Krankengeschichte ist schriftlich überliefert.

Arnaldus verbrachte einen großen Teil seines Lebens damit, zwischen dem Königshof und seinem Lehrstuhl in Montpellier hin- und herzureisen. Im Jahr 1297 blieb er auf Wunsch des Königs während der gesamten zweiten Schwangerschaft von Königin Blanche in Barcelona.

Arnaldus von Villanova war ein ausgezeichneter Autor. Er übersetzte medizinische Arbeiten von Galen und Avicenna aus dem Arabischen ins Lateinische. Er schrieb ein medizinisches Handbuch für den missmutigen Jakob II., das *Regimen sanitatis ad inclitum regem Aragonum* (Gesundheitsregeln für den glorreichen König von Aragón) und anlässlich des königlichen Feldzugs gegen Almería im Jahr 1309 ein Traktat über Hygiene beim Heer. Er schrieb ein umfassendes Werk über medizinische Theorien, das *Speculum Medicinae* (Spiegel der Medizin). Er äußerte sich auch zu anderen Themen. Seine eschatologischen Arbeiten wie *De Adventuu Antichristi* (Über die Ankunft des Antichristen) ließen ihn der Häresie verdächtig werden, während seine Aufrufe zu einer Kirchenreform die konservativen Kleriker verärgerten. Zum Glück hatte er einflussreiche Freunde, die ihre schützende Hand über ihn hielten, darunter keinen geringeren als Papst Bonifatius VIII. (den er 1301 von einem schmerzhaften Nierenstein befreit hatte), obwohl dieser nicht immer mit Arnaldus' Eigensinnigkeit einverstanden war: „Wenn du dich nur auf die Medizin konzentrieren und die Theologie uns überlassen würdest, so könnten wir dich verehren!"[7]

Arnaldus von Villanova stellte eine beachtliche Bibliothek zusammen. Nach seinem Tod zählte man über 100 Bücher – für eine Privatperson damals eine erstaunliche Zahl –, von denen man heute ein Drittel als medizinische oder wissenschaftliche Fachbücher bezeichnen würde. Sie stellten ein Who's who der zu Arnaldus' Zeit in lateinischer Sprache erhältlichen Literatur dar.

Arnaldus war ein bemerkenswerter Gelehrter und Arzt. Nach heutigem Forschungsstand muss man ihn vor dem Hintergrund erhöhter medizinischer Aktivitäten in den westlichen Mittelmeergebieten Aragóns, insbesondere der großen Städte Barcelona und Valencia, betrachten. Es gab viele Mediziner aller Art, vom Apotheker bis zum Chirurgen. Ihre Ausbildung wurde ständig verbessert. Sie besaßen einen ausgeprägten Sinn für gemeinsame Identität und Berufsethos, und sie wurden von der Gesellschaft geschätzt und geachtet. Nichts davon wäre möglich gewesen ohne die Übersetzungen von Werken der vorangegangenen zwei Jahrhunderte.

Das letzte Beispiel verdient den Namen Fach nur bedingt. Eigentlich handelt es sich eher um ein Forschungsprogramm, das entfernt mit der Medizin verwandt war und sich zunächst zögerlich, dann aber Anfang des 14. Jahrhunderts zunehmend durchsetzte. Es wurde vor nicht allzu langer Zeit in einer umfassenden Studie von Peter Biller mit dem Titel *The Measure of Multitude: Population in medieval thought* beschrieben und untersucht. Dieses Forschungsprogramm oder -feld beinhaltete eine systematische Untersuchung der Bevölkerungsstruktur: Größe, Verteilung, Geschlechterverhältnis, Ehe und Fortpflanzung, Geburtenkontrolle, Krankheiten, Sterberate usw. Der Autor stellt überzeugend dar, wie die Erforschung der Bevölkerungsstruktur im Mittelalter zunächst durch Übersetzungen wissenschaftlicher Schriften aus dem Griechischen (vor allem Aristoteles) und dem Arabischen (vor allem Avicenna und Averroes) und später durch die gedankliche Gegenüberstellung des Christentums mit dem Wissen über die islamische Welt oder die Welten jenseits des Islam, das von den Abgesandten, die im 13. Jahrhundert zu den Mongolen gereist waren, geprägt wurde.

Eine bedeutende Rolle spielte auch die damals aufkommende Bevölkerungswissenschaft (Demographie). So wie die Fortschritte medizinischer Theorie und Praxis ein Bild von körperlichen Gebrechen entstehen ließen, die man diagnostizieren und heilen konnte, eröffnete die Bevölkerungswissenschaft der Vorstellung, die menschliche Gesellschaft sei nicht gottgegeben, sondern steuerbar, neue Horizonte.

Die Geschichte des intellektuellen Austauschs auf religiösem Gebiet – im Gegensatz zu Philosophie und Wissenschaft – verläuft ganz anders. Noch immer weist kaum etwas darauf hin, dass islamische Geistliche und Gelehrte Interesse für das Christentum als solches entwickelten. Das ist möglicherweise keine Überraschung. Die Offenbarung des Propheten überlagerte die Teiloffenbarungen früherer Propheten wie Moses und Jesus. Daher gab es keinen Anreiz, die Leitsätze einer Religion zu studieren, die durch die Vollkommenheit der göttlichen Offenbarung überflüssig geworden waren. Der einzige Grund, den es gab, war polemischer Natur. So nutzte zum Beispiel al-Tabari seine Kenntnisse über das Christentum im Bagdad des 9. Jahrhunderts, um den Islam zu verteidigen (siehe zweites Kapitel).

Ibn Hazm von Córdoba (994–1064) gilt als Ausnahme von der Regel. Die in diesem Zusammenhang wichtigste Arbeit des renommierten Juristen, Philosophen und Dichters war das *Kitab al-Fasl*, dessen voller Titel so viel wie „Das Buch der Unterscheidung religiöser Häresien und Sekten" bedeutet und kurz *Das Buch der Sekten* genannt wird.

Darin verkündet und verteidigt Ibn Hazm die Vormachtstellung des Islam gegenüber allen anderen Glaubensrichtungen und Abwandlungen des Islam: ein bewusster Akt im Sinne des Dschihad. Er lehnte auch die Überzeugungen des Christentums ab. Dabei offenbart Ibn Hazm ein erstaunlich detailliertes Wissen über die heiligen Schriften des Christentums, das er sich vermutlich angeeignet hatte, indem er die arabischen Übersetzungen der Bibel las, die die mozarabischen Christen in al-Andalus benutzten und die er sich mühelos in Córdoba beschaffen konnte. Heutige Wissenschaftler sehen in Ibn Hazms Arbeit ein frühes Beispiel für „vergleichende Religionsforschung" oder „interreligiösen Dialog". Das ist allerdings irreführend. Ibn Hazm informierte sich nur deshalb über das Christentum, damit er es widerlegen konnte. Dazu bediente er sich auch kleinster Unstimmigkeiten in der Bibel. So stürzte er sich zum Beispiel auf Passagen, in denen geschildert wird, dass Johannes der Täufer weder aß noch trank (Matthäus 11, 18) und dass er sich von Heuschrecken und wildem Honig ernährte (Markus 1, 6). Ibn Hazm triumphierte:

In dieser Passage stecken Lüge und Widerspruch ... eine der beiden Versionen ist zweifellos gelogen ... All dies zeigt, dass die Christengemeinschaft insgesamt von Übel ist.[8]

Dieser Sprachgebrauch mutet nicht gerade wie der Versuch eines Dialogs an. Ibn Hazm war dem Christentum von Anfang an feindlich gesinnt. Das *Buch der Sekten* mag sachverständig gewesen sein, aber tolerant war es auf keinen Fall.

Diese islamische Einstellung fand ihre genaue Entsprechung auf christlicher Seite. Die Schriften des Johannes von Damaskus, *Dialog* und *Über die Häresie* (siehe erstes Kapitel), zeigen Parallelen zur Arbeit von Ibn Hazm. Johannes versuchte im 8. Jahrhundert ebenso, die häretischen Ismaeliten lächerlich zu machen, wie Ibn Hazm im 11. Jahrhundert die Christen verspottete.

Auch im 12. Jahrhundert begegnet man dieser Haltung. Am bekanntesten ist die Anekdote um die erste Übersetzung des Koran

ins Lateinische. Der ehrwürdige Abt Peter aus dem berühmten Benediktinerkloster Cluny im Burgund gab dieses ehrgeizige Projekt in
Auftrag, als er 1142 die Außenstellen in Spanien besuchte. Peter
beauftragte zwei Gelehrte, die er in Spanien kennen gelernt hatte:
den Engländer Robert von Ketton und den Deutschen Hermann
von Korinth, der dort lebte, um wissenschaftliche Texte aus dem
Arabischen ins Lateinische zu übertragen. Hinzugezogen wurden
ferner Meister Peter von Toledo, der vermutlich der mozarabischen
Gemeinschaft Toledos entstammte, Peter von Poitiers, der Sekretär
des Abts, und ein Muslim namens Mohammed der Sarazene, über
den nichts Weiteres bekannt ist. Robert war für die Übersetzung
des Koran verantwortlich, die er nach äußerst kurzer Zeit im Som-
mer 1143 abschloss, wenn man die Länge und die sprachliche Kom-
plexität des Textes berücksichtigt. Auch dieses Projekt wurde wie
das von Ibn Hazm als Zeichen von Aufklärung und Toleranz gefeiert. Tatsächlich war das aber keineswegs der Fall. Roberts Übersetzung ist mit Randbemerkungen versehen, die durchweg klein-
licher und böswilliger Art sind. Ein Beispiel:

„David verliehen wir einst Auszeichnung von uns aus: O ihr Berge, singet
mit ihm das Lob Gottes, ihr Vögel auch. Wir machten ihm das Eisen weich:
Fertige Kriegsgewänder und Panzerringe füge. Und wirket Gutes, denn
wahrlich, ich bin schauend dessen, was ihr tut." (Koran 34, 10). Der Kommentar lautete:
     Der Verrückte behauptet, dass David der Erste war, der ein Ketten-
hemd trug, doch es steht in der Heiligen Schrift geschrieben, dass Goliath,
der von diesem David erschlagen wurde, als Kind in ein Kettenhemd ge-
hüllt war![9]

Wahrscheinlich gehen die Randbemerkungen auf das Konto von Abt
Peter persönlich. Erhärtet wird diese Vermutung durch die Art, wie
Peter den neu übersetzten Koran einsetzte, nämlich als Basis für ein
polemisches Werk mit dem Titel *Ein Buch gegen die abscheulichen*

Häretiker oder Sekten der Sarazenen. Wie Ibn Hazm ein Jahrhundert zuvor benötigte auch Abt Peter die Texte nicht, um in einen Dialog der Religionen zu treten, sondern um den „Gegner" schlecht zu machen und zu verleumden. Auch er hatte sein Urteil längst gefällt.

Robert von Kettons Übersetzung des Koran geriet schnell in Vergessenheit. Das Manuskript stand unberührt in der Bibliothek von Cluny, bis es im 16. Jahrhundert wiederentdeckt und gedruckt wurde. Als der Kanoniker Markus aus Toledo Anfang des 13. Jahrhunderts mit der Übersetzung des Koran begann, dachte er, er wäre der Erste, so vollständig waren die Erinnerungen an Abt Peters Unternehmen verblasst. Die neue Übersetzung hielt sich enger an das Original und war präziser als die vorangegangene; insgesamt vermittelte sie ein besseres Verständnis der heiligen islamischen Schrift. Den Auftrag hatte der Erzbischof von Toledo, Rodrigo Ximénez, erteilt (der bereits als Schutzherr von Michael Scot erwähnt wurde). Dieser Auftrag steht im Kontext des allgemeinen literarischen Interesses von Erzbischof Rodrigo, der unter anderem eine *Historia Arabum* (Geschichte der Araber) verfasste, einen kurzen Abriss der islamischen Geschichte von ihren Ursprüngen bis zur Mitte des 12. Jahrhunderts. Die Arbeit von Erzbischof Rodrigo war eine von mehreren des 13. Jahrhunderts, die Kenntnisse der islamischen Lehre und Geschichte voraussetzten.

Teilweise wird hier auch etwas erkennbar, worauf schon am Ende des dritten Kapitels hingewiesen wurde: ein aufkeimendes Verständnis für die Existenz eines Religionspluralismus. Ein Beispiel ist Rodrigos Zeitgenosse Wilhelm von Auvergne – Akademiker, Prediger, Seelsorger, Moralist und von 1228 bis zu seinem Tod im Jahr 1249 Bischof von Paris. Als Wilhelm über den Islam schrieb, wählte er Worte – tatsächlich schuf er sogar neue Worte, zum Beispiel Sarazenismus –, die genau darauf verwiesen, dass es sich dabei um ein Volk mit eigener religiöser Kultur handelte, die sich vom Christentum unterschied. Hätte sich der Islam in den Augen der Christen damals zu einer Kultur gewandelt, die tiefere Einblicke gewährte und mehr Verständnis verdiente, statt etwas zu werden, das man als merkwürdigen Auswuchs des Christentums unter den Teppich kehrte oder als Konglomerat der Widersprüche verspottete, wäre dies schon ein großer intellektueller Fortschritt gewesen. Die ersten Anzeichen einer solchen Entwicklung zeigten sich im 13. Jahrhundert.

V
Sichtung des Koran

Der Fall von Akko, der letzten Außenbastion der Kreuzfahrer im Jahr 1291, bedeutete nicht das Ende der Kreuzzüge. Im Gegenteil: Die Sehnsucht, die heiligen Stätten des Christentums zurückzuerobern, war genauso groß wie zuvor. Dante offenbarte den Geist des frühen 14. Jahrhunderts in seiner *Göttlichen Komödie*. Zu den heiligen Kriegern, denen er im Paradies begegnet, gehören auch die, die sich im Kampf gegen die Sarazenen ausgezeichnet hatten, wie Roland, der bei Roncesvalles gefallen war, oder Gottfried von Bouillon, der Jerusalem 1099 erobert hatte. In der ersten Hälfte dieses Jahrhunderts gab es eine Reihe von Kreuzzugsplänen, die päpstlichen und königlichen Höfen vorgetragen wurden, um finanzielle Unterstützung von den Führern des Christentums zu erhalten. Besonders ehrgeizig zeigte sich der Venezianer Marino Sanudo, ein Verwandter der gleichnamigen Herzöge von Archipelago, die im vorhergehenden Kapitel erwähnt wurden. Er präsentierte seine Pläne Papst Johannes XXII. im Jahr 1321 in Form eines vollständigen Buches mit dem Titel *Liber Secretorum Fidelium Crucis* (Das Buch der Geheimnisse der Gläubigen des Kreuzes). Sie waren sehr gut durchdacht. Nach einer Wirtschaftsblockade des Nildeltas würde eine internationale Kampfeinheit in Ägypten einmarschieren und das Gebiet sichern, bevor die Hauptarmee von dort aus auf dem Landweg nach Jerusalem marschieren sollte. Sanudo achtete auf jedes Detail.

Rekrutierung der Soldaten, Ausbildung, Waffen, Schiffe, Verpflegung, Kosten – nichts davon fehlte. Sanudo verbrachte die folgenden 20 Jahre damit, Geldgeber zu suchen. Er machte ununterbrochen Werbung, reiste, organisierte Treffen, schrieb Briefe – wahrscheinlich ging er im Lauf der Zeit einigen auf die Nerven –, hatte aber letztendlich keinen Erfolg. Als er 1343 starb, verfügte er in seinem Testament, dass seine Aufzeichnungen jederzeit zugänglich sein sollten. Es war der letzte Herzenswunsch eines enttäuschten Mannes.

Auch Eduard III. wurde ein Kreuzzugsplan vorgelegt. Im Jahr 1330 suchte ihn der Adelige Roger von Stonegrave aus Yorkshire auf, der bereits eine abwechslungsreiche Karriere hinter sich hatte. Als junger Mann war er dem Ritterorden der Hospitaliter (religiöse Gemeinschaft für Krankenpflege, der Ordensritter ebenso angehörten wie Laienbrüder und Mönche; die späteren Johanniter und der Orden der Malteser) beigetreten und in die Kreuzfahrerstaaten geschickt worden, um dort die letzten Christengebiete zu verteidigen. Nachdem er 1291 gefangen genommen worden war, scheint er nicht weniger als 18 Jahre in ägyptischer Kriegsgefangenschaft verbracht zu haben. Er nutzte diese Zeit klug, indem er viel beobachtete und lernte. Nachdem die Hospitaliter 1309 die Insel Rhodos erobert hatten, kehrte Roger 1318 schließlich nach Yorkshire zurück und begann zu schreiben. Die Pläne, die er dem König vorlegte, ähnelten denen Sanudos. Allerdings hatte Roger den Vorteil, mit detailliertem Wissen über das Ägypten unter den Mamelucken-Sultanen aufwarten zu können.

Manche Pläne schossen sogar ein wenig über das Ziel hinaus. Der französische Anwalt Pierre Dubois schrieb um das Jahr 1306 ein Buch mit dem Titel *De Recuperatione Terrae Sanctae* (Über die Rückeroberung des Gelobten Landes), das er König Philipp IV. vorlegte. Der größte Teil war ebenso ernst gemeint und nüchtern geschrieben wie die Entwürfe von Sanudo und Roger von Stonegrave, doch an einer Stelle ging augenscheinlich die Phantasie mit ihm durch. Dubois schlug vor, junge Frauen von angenehmer Erscheinung in Westeuropa auszubilden, um diese später per Schiff in die Levante zu bringen, wo sie griechische Christen für sich einnehmen und heiraten würden, die daraufhin die lateinischen beziehungsweise römisch-katholischen Glaubensregeln übernähmen und damit letztlich die Bildung einer geeinten christlichen Front gegen den Islam vereinfachen sollten. Die Reaktion des Königs von Frankreich ist nicht bekannt.

Die Päpste und Monarchen, die Anfang des 14. Jahrhunderts durch Propaganda für neue Kreuzzüge bedrängt wurden, stellten kein Heer auf, das das Gelobte Land zurückerobern sollte. Nicht, dass sie nicht

gewollt hätten. Eines der wichtigen Ergebnisse der neueren Forschung zeigt, dass Pläne für Kreuzzüge nach dem Höhepunkt zu den
Zeiten von Richard Löwenherz oder König Ludwig IX. keineswegs
immer seltener wurden, wie Historiker gern behaupten. Vielmehr
war der Wunsch, weitere Kreuzzüge zu führen, im Europa des späten Mittelalters genauso groß wie eh und je.

Was ihre Realisierung aber immer wieder vereitelte, waren die
mangelhaften zwischenstaatlichen Beziehungen innerhalb des westlichen Christentums. Die mächtigste Monarchie Westeuropas war
die französische, und ihre Könige fühlten sich zu Kreuzzügen traditionell verpflichtet. Ab dem späten 13. Jahrhundert wurden sie jedoch in die unendlich langen, erschöpfenden und immer wieder auf-
flammenden Kämpfe gegen die Engländer verwickelt, die man heute fälschlicherweise als Hundertjährigen Krieg bezeichnet. Damit
waren ihnen die Hände gebunden: Sie konnten es unmöglich ihrem
verehrten Vorgänger Ludwig IX. gleichtun und ihr Land verlassen,
um jahrelang Kreuzzüge in Ägypten und Syrien zu führen.

Das heißt nicht, dass keine Kreuzfahrten mehr unternommen wurden. Es handelte sich jedoch nur um relativ kleine Verbände mit
begrenzten Zielen. Im Jahr 1344 gelang es zum Beispiel einer Flotte
von nur etwa drei Dutzend Schiffen, die Venedig, Papst Clemens VI.
und die Johanniter von Rhodos bereitgestellt hatten, den wichtigen Hafen von Izmir an der Westküste von Kleinasien zu erobern.
Die Johanniter hielten ihn bis 1402.

Ein anderes Beispiel ist König Peter I. von Zypern (1359–1369),
Mitglied der französischen Lusignan-Dynastie, die die Insel wie einen Kreuzfahrerstaat seit der Zeit des Dritten Kreuzzugs regierte.
Nachdem er ganz Westeuropa bereist hatte, um Soldaten zu re-
krutieren und Geld vom Papst zu erbitten, führte er 1365 einen
Feldzug durch, durch den Alexandria zwar erobert und geplündert,
aber nicht zur dauerhaften Bastion wurde.

Das letzte Beispiel für Kreuzzüge des 14. Jahrhunderts unter-
scheidet sich allerdings vollständig von den anderen: der Kreuzzug

von Nikopolis. Die Stadt Nikopolis liegt an der Donau im Norden des heutigen Bulgarien. Was sollte ein Kreuzzug dort bloß wollen? Um die Antwort zu finden, muss man sich zunächst wieder nach Kleinasien wenden. Der Zerfall der Überreste des Seldschuken-Sultanats (siehe drittes Kapitel) nach dem Angriff der Mongolen hatte in Kleinasien ein Machtvakuum hinterlassen. Dieses wurde zunächst – wie in Syrien und al-Andalus im 11. Jahrhundert – von einigen kleineren streitbaren Fürstentümern ausgefüllt. Eines der westlichen Gebiete wurde von einem türkischen Stammesführer namens Osman besetzt. Es lag in den Hügelketten südlich des Marmarameers in der Nähe der heutigen Stadt Bursa. Osman starb 1326. In den folgenden 70 Jahren breitete sich das osmanische Hoheitsgebiet über den größten Teil Kleinasiens aus. Es erreichte auch den Balkan, der früher einmal zu Byzanz gehört hatte. Dessen Reich war jedoch durch die katastrophalen Folgen des Vierten Kreuzzuges entscheidend geschwächt (siehe drittes Kapitel). Die Rückgabe des „Exilimperiums" von Nicaea an Konstantinopel im Jahr 1261 führte zu einem Staat, der nur noch ein Schatten dessen war, was er einmal gewesen war. Die letzten zwei Jahrhunderte seiner Existenz bestand das Gebiet, das effektiv unter der Kontrolle des Reiches stand, aus Konstantinopel und einem ständig schrumpfenden Hinterland.

Die Osmanen verstanden sich als Ghazis, Grenzbewohner des *Dar al-Islam*, die die Pflicht hatten, dessen Territorium mithilfe des Dschihad weiter auszudehnen. Sie gingen ebenso mit diplomatischen wie mit kriegerischen Mitteln vor, und ihr Vormarsch schien unaufhaltsam. Ausgehend von einem Brückenkopf bei Gallipolli verbreiteten sie sich ab 1354 über Bulgarien, Serbien, Albanien und Nordgriechenland. Dabei feierten sie Siege über einige kleinere Staatsgebiete, darunter 1389 auch über den Kosovo. In den 90er-Jahren des 14. Jahrhunderts erstreckte sich das Osmanische Reich in Europa von der Donau bis zum Schwarzen Meer und südlich bis nach Thessalien (heute im Norden Griechenlands).

Vor diesem Hintergrund kam es 1396 zum Kreuzzug von Nikopolis. Er unterschied sich von den anderen dieser Zeit dadurch,
dass er keine begrenzten Ziele hatte und sehr groß angelegt war. Er
sollte nicht weniger bewirken als den Vormarsch der Osmanen zu
stoppen. Das internationale Heer wurde in Frankreich, Deutschland und England rekrutiert und war wahrscheinlich das größte
Kreuzfahrerheer aller Zeiten. Unter dem Kommando von König
Sigismund von Ungarn marschierte es die Donau entlang. Gleichzeitig segelte eine Flotte unter dem Kommando des obersten Jo-
hanniters mit Schiffen aus Genua und Venedig (eine der seltenen
Kooperationen beider Städte) durch das Schwarze Meer und die
Donau hinauf, um sich mit den Kreuzrittern zu vereinen. Die Land-
und Seestreitkräfte begannen mit der Belagerung der strategisch
wichtigen Stadt Nikopolis. Dort wurden sie allerdings von einer
türkischen Befreiungsarmee überrascht und erlitten eine katastro-
phale Niederlage. Das ehrgeizigste Kreuzzugsprojekt des späten
Mittelalters endete mit einem bitteren Misserfolg.

Durch den Rückschlag von Nikopolis war Konstantinopel angreifbar geworden. Wahrscheinlich wäre die Stadt rasch den Osmanen in die Hände gefallen, doch diese wurden hinterrücks von
einem neuen mongolischen Aggressor überfallen. Es handelte sich
um „Timur den Lahmen", im Westen besser bekannt als Tamerlan. Tamerlans Feldzug im Westen im Jahr 1402 war im Vergleich
zu seinen Eroberungen in Zentralasien und seinen Ambitionen in
China relativ klein. Er ist für die Geschichte aber dennoch von Bedeutung, denn er brachte den Osmanen eine empfindliche Niederlage bei – Sultan Bayazid I. wurde gefangen genommen und starb
in Gefangenschaft –, verwüstete einen großen Teil ihres Territoriums in Kleinasien und beendete fast nebenbei die Herrschaft der
Johanniter in Izmir. Tamerlans Feldzug gegen die Osmanen gab
Konstantinopel Zeit zum Durchatmen.

Die Ruhepause dauerte jedoch nicht sehr lange. Sultan Mohammed II. (1451–1481) war nach eigener Aussage seit seiner Kindheit

von dem Gedanken besessen, die Stadt Konstantins des Großen zu erobern. Er wurde beherrscht von der Erinnerung an Alexander den Großen, dessen Taten ihm täglich aus dem Werk Arrians vorgelesen wurden. Der Sultan identifizierte sich so sehr mit Alexander, dass er sogar den Auftrag erteilte, ein Buch über seine eigenen Taten (in griechischer Sprache) zu schreiben und dafür dasselbe Papier in demselben Format zu verwenden wie seine Ausgabe der Biografie Alexanders von Arrian, neben der es dann auch in seiner Bibliothek stehen sollte. Diesem Anführer kam die Ehre zu, Konstantinopel zu erobern, als er erst 20 Jahre alt war. Der letzte byzantinische Herrscher, der ähnlich wie die Stadt Konstantin hieß, fiel im tapferen Kampf bei der Verteidigung der durchbrochenen Mauern. Am 29. Mai 1453 nahm Sultan Mohammed offiziell die Stadt ein.

Der Eroberer festigte anschließend die osmanische Befehlsgewalt um das Schwarze Meer herum, auf dem Balkan und in Griechenland. Aus dem Westen Bosniens erfolgten jedes Jahr Raubzüge nach Kroatien, in die Steiermark, nach Korinth und sogar nach Norditalien.

1477 kamen die Osmanen Venedig so nahe, dass man die Flammen der Plünderungen von der Stadt aus sehen konnte. Nach dem Tod des Sultans Mohammed wurden die Angriffe für einige Jahre eingestellt. Unter Süleiman I. „dem Prächtigen" (1520–1566) begannen sie erneut. Belgrad wurde 1521 erobert, die Ungarn 1526 in der Schlacht von Mohács geschlagen. Danach blieb der östliche Teil Ungarns unter türkischer Kontrolle. 1529 wurde Wien belagert. Die Walachei, Transsilvanien und Moldawien mussten Tributzahlungen leisten. Schon 1517 hatten die Osmanen im Südosten die Herrschaft der Mamelucken in Ägypten, Syrien und dem Westen Arabiens beendet und auch in diesen Provinzen die Kontrolle übernommen. Die westliche Christenheit war durch die Wirren der Reformation tiefer gespalten als je zuvor. Nun sah sie sich auch noch einem gewaltigen, feindlich gesinnten Osmanischen Reich gegenüber, das sich von Ungarn bis nach Libyen erstreckte.

In gewisser Weise ähnelt der Vormarsch der Osmanen im 15. Jahrhundert der ursprünglichen Expansion des Islam 800 Jahre zuvor. Die Christen wurden weiterhin toleriert. Innerhalb weniger Monate nach dem Fall Konstantinopels hatten der Sultan und der Patriarch Gennadios einen Vertrag ausgehandelt. Die Osmanen verpflichteten sich, den griechischen Klerus zu schützen – nicht zuletzt gegen rivalisierende christliche Kirchen wie die orthodoxen Serben. Der Patriarch sicherte im Gegenzug die Loyalität der griechischen Bevölkerung zu und nahm Abstand von jeder Form von Ränkeschmiede beziehungsweise Kooperation mit den katholischen Feinden der Osmanen – die zugleich seine Feinde waren. Privat mochte der Patriarch die Türken als „verfluchte Hunde der Hagar"[1] bezeichnen, doch das Arrangement erwies sich als vorteilhaft für beide Seiten, auch wenn ihnen noch schwierige Zeiten bevorstanden. In der Hauptstadt blühte die griechische Kirche auf, und auch der Bevölkerung ging es besser. Bis zum Ende des Osmanischen Reichs Anfang des 20. Jahrhunderts bestand die Bevölkerung von Konstantinopel (beziehungsweise Istanbul, wie wir es nun auch nennen können) fast durchgängig aus etwa 60 Prozent Muslimen und 40 Prozent Christen und Juden. Strukturell wurde die Stadt also nie eine rein islamische wie zum Beispiel Bagdad.

In den eroberten Balkanprovinzen wurde die herrschende Klasse nicht kurzerhand gegen eine neue ausgetauscht. Christliche Landbesitzer durften, und taten dies häufig auch, ihre Ländereien behalten, wenn sie als Gegenleistung in der Kavallerie dienten. Die größte Bürde, die den Provinzen auferlegt wurde, war das *devshirme* oder die „Versammlung". Dabei handelte es sich um die regelmäßige Einberufung einer großen Zahl christlicher Jugendlicher aus der Landbevölkerung. Sie wurden nach Istanbul gebracht, bekamen dort eine neue Identität und wurden zu Leibeigenen des Staates. Die bekannteste Beschäftigung fanden diese Jugendlichen im *Yeni Ceri*, was so viel heißt wie „neue Truppen". Sie waren das Militärkorps, das die osmanischen Armeen so berühmt machte. Das war aber nicht die einzige Verwendung für die „Versammelten". Einige der Jugendlichen stiegen später sogar in höhere Positionen im Staatswesen oder in anderen Berufen auf. Der berühmteste osmanische Architekt des 16. Jahrhundert, der Istanbul mit Moscheen für Süleiman den Prächtigen verschönerte, war Sinan der Alte – er wurde etwa 90 Jahre alt –, ein Armenier aus Anatolien, der als „Versammelter" in die Hauptstadt gelangt war.

Sinan gehörte zu denen, die für den Wandel Istanbuls in eine architektonisch islamisch geprägte Stadt standen – eine Entwicklung, wie sie zuvor auch andere Städte wie etwa Córdoba erlebt hatten. Obwohl die Mehrheit der Einwohner keine Muslime waren, zeigte die Stadt ein eindeutig islamisches Gesicht. Kurz nach der Eroberung wurde das Grab eines Gefährten des Propheten am Goldenen Horn entdeckt, was ebenso passend wie unwahrscheinlich war: Dieser Ort ist bis heute die heiligste Stätte der Muslime in der Türkei. Sterbliche Überreste des Propheten wurden nach der Eroberung durch die Mamelucken 1517 von Mekka nach Istanbul gebracht.

Moscheen und Minarette, religiöse Schulen, Kranken- und Armenhäuser waren Ausdruck islamischer Frömmigkeit – ebenso öffentliche Rituale wie das *Selamik*, der formelle Gang des Sultans zum Freitagsgebet.

Der Mangel an Belegen erschwert die Beurteilung religiösen Wandels in den ländlichen Gebieten, die im 8. und 9. Jahrhundert der anfänglichen Expansion des Islam unterlagen. Dokumente wie das *Mufassal Defter* ermöglichen uns einen etwas tieferen Einblick in die Zeit der Osmanen. Das *Defter* war eine statistische Erfassung einzelner Provinzen aus steuerlichen Gründen, in dem die einzelnen Haushalte jedes Dorfs sowie deren religiöse Zugehörigkeit festgehalten wurden. Die in den 20er-Jahren des 16. Jahrhunderts durchgeführten Erhebungen offenbaren interessante Kontraste. Im ländlichen Anatolien, der Hochebene Kleinasiens, waren 92 Prozent der steuerzahlenden Haushalte muslimisch und nur acht Prozent christlich. Auf dem Balkan lag das Verhältnis zur gleichen Zeit bei 19 Prozent Muslimen und 81 Prozent Christen. Woher kamen diese Unterschiede?

In Anatolien waren die Muslime schon seit dem ersten Auftauchen der Seldschuken vier Jahrhunderte zuvor präsent. In dieser Zeit wurde Anatolien immer wieder wirtschaftlich und gesellschaftlich stark verändert, da Armeen, Migranten, Flüchtlinge und Sklavenhändler durch das Land zogen. Die Christen wanderten zumeist in Richtung Küstengebiete wie Trabzon und seine Umgebung, wo die fortdauernde Präsenz des Byzantinischen Reiches einen gewissen Schutz gewährleistete. Auf der anatolischen Hochebene verschwand das Christentum dagegen allmählich, ähnlich wie es auch in Nordafrika geschehen war. Auf dem Balkan gab es die Osmanen dagegen erst relativ kurze Zeit. Der Eroberungsfeldzug war kurz und zentral gesteuert gewesen, die folgenden gesellschaftlichen Umwälzungen erwiesen sich als weniger destabilisierend als in Anatolien.

Im 16. Jahrhundert und danach blühten christliche Gemeinden auf. Ihre Situation ähnelte der der Mozaraber in Spanien.

Betrachtet man nun Spanien, dann fällt auf, dass sich hier nach der Eroberung Osteuropas durch die Osmanen ein völlig anderes Kräfteverhältnis einstellte. Ende des 13. Jahrhunderts war das Emirat von Granada die letzte unabhängige muslimische Bastion auf der Iberischen Halbinsel. Das bedeutete nicht, dass die christlichen Monarchen in ihrer Wachsamkeit nachlassen durften. Der Aufstieg einer neuen Macht in der ebenso undurchsichtigen wie fanatischen muslimischen Welt des Maghreb bedeutete eine potenziell drohende Invasion der christlichen Staaten unter Mithilfe des Emirs von Granada. Tatsächlich kam es schon 1340 dazu, als die Meriniden – Nachfolger der Almohaden in Marokko – über die Meerenge vorstießen und sich mit Granada vereinten, um in Kastilien einzumarschieren. Sie wurden jedoch in der Schlacht am Rio Salado entscheidend geschlagen. In der Folgezeit ließ die militärische Bedrohung der christlichen Könige nach, ohne jedoch ganz zu verschwinden.

Die Situation besserte sich durch die kastilische Einnahme von Algeciras im Jahr 1344, wodurch man eine gewisse Kontrolle über die Meerenge von Gibraltar erhielt, und wurde durch die Eroberung von Ceuta durch die Portugiesen im Jahr 1415 weiter gestärkt.

In der zweiten Hälfte des 14. Jahrhunderts wurde das Emirat von Granada vom kastilischen Königreich nur noch als Tributzahler geduldet. Nur aufgrund der inneren Unruhen, die das christliche Spanien den größten Teil des folgenden Jahrhunderts beherrschten, konnte sich das Emirat eine zerbrechliche Unabhängigkeit erhalten. (So gesehen verdankt Spanien diesen Unruhen die Alhambra.) Durch die Heirat zweier rechtmäßiger Thronerben (und damit Dynastien) – Isabella von Kastilien und Ferdinand von Aragón – erschien die Vereinigung der zwei größten Monarchien der Halbinsel erstmals möglich. Sie wurde 1474 tatsächlich realisiert.

Ab 1482 dachte man ernsthaft über die Eroberung Granadas nach. Genau wie sein Zeitgenosse Sultan Mohammed II. hielt sich Ferdinand von Aragón für einen Mann, der ein Schicksal erfüllen musste – zumindest ließ er sich auf diese Art in der Öffentlichkeit darstellen. Was Konstantinopel für den osmanischen Sultan war, war Granada für Ferdinand und Isabella. Sie sollten sich ihren Wunsch erfüllen: Am 2. Januar 1492 erhielten sie vom letzten muslimischen Herrscher den Stadtschlüssel.

Der Krieg um Granada war im tatsächlichen, juristischen Sinn ein Kreuzzug. Der Kreuzzugsgedanke blieb auch im 15. Jahrhundert lebendig. Der Herzog von Burgund, Philipp der Gute (1419–1467), dessen Vater im Geburtsjahr seines Sohnes bei Nikopolis gefangen genommen worden war, hatte sein Leben lang das erklärte Ziel, einen Kreuzzug gegen die Türken zu führen. Papst Pius II. (1458–1464) starb in Ancona an der Ostküste Italiens, während er persönlich einen, wie er hoffte, Kreuzzug führte, um Konstantinopel zurückzuerobern. Prinz Heinrich der Seefahrer aus der portugiesischen Königsfamilie war aufgrund des Horoskops, das ein Hofastrologe bei seiner Geburt gestellt hatte, davon überzeugt, er würde als Kreuzfahrer „große und ehrenvolle Eroberungen"[2] erringen. In seinem Testament ließ er festhalten, dass seine Eltern sein Leben bei seiner Geburt dem Kreuzfahrerkönig Ludwig IX. von Frankreich geweiht hätten. Der Feldzug des Jahres 1415, in dessen Verlauf Ceuta eingenommen wurde, wurde von seinem Anführer Heinrich als Kreuzzug betrachtet. Die Forschungsreisen entlang der afrikanischen Atlantikküste, die er finanzierte, dienten nicht nur dem Erwerb größerer geografischer Kenntnisse, sondern auch der christlichen Sache – und der Selbstbereicherung. (Tatsächlich breitete sich der Islam in west-afrikanischen Königreichen wie Mali im 14. und Songhai im 15. Jahrhundert stärker aus als das Christentum. Inwieweit dies Heinrich und seinen Beratern bekannt war, ist nicht überliefert.)

Die Ideale der Kreuzritter hatten also auch im späten Mittelalter noch großen Einfluss auf das Christentum. Sie führten zu Niederlagen wie in Nikopolis und zu Siegen wie in Granada. Niederlagen wurden verdrängt. Die quälerischen Selbstzweifel der Jahre nach Nikopolis zeigen sich in einer Dichtung von Honorat Bouvet, einem provençalischen Mönch, Diplomaten und Juristen. Bouvet verwies auf die moralischen Unzulänglichkeiten der Christen – ihre Weltlichkeit, Blasphemie, mangelnde Nächstenliebe, Unmoral, materialistische Einstellung – als Lebensweise, die Gott missfiele. Wie sollte er Menschen, die sich solcher Sünden schuldig machten, den Sieg schenken? Das sind bekannte Argumente: Die geistlichen Moralisten hatten sie angeführt, seit Bernhard von Clairvaux damit das Scheitern des Zweiten Kreuzzugs im 12. Jahrhundert erklärt hatte. Überraschend ist jedoch, dass derjenige, der die christlichen Unzulänglichkeiten benennt, hier kein Christ, sondern Muslim ist. Außerdem favorisiert er beim Vergleich von christlicher und muslimischer Gesellschaft mehrfach die Letztere. So schrieb Bouvet, dass die Christen durch zu gutes Essen, zu viel Alkohol und zu bequeme Kleidung weich geworden wären, während die Muslime sich durch Entsagung abhärteten. Die Christen seien gespalten, aber die Muslime – er bezog sich wahrscheinlich nur auf die osmanischen Türken – besäßen die Stärke, die aus der Gemeinschaft resultiert. In diesem Text finden sich noch weitere, ähnliche Argumente. Das literarische Stilmittel, einen Außenstehenden einzusetzen, um Kritik an der eigenen Gesellschaft zu üben, erfordert jedoch, dass man diesem Außenstehenden und seinen Ansichten gegenüber neutral oder sogar wohlwollend eingestellt ist. Bouvets *Sarrasin* ist ebenso sympathisch wie sein Pendant in Montesquieus *Lettres persanes* (Persische Briefe) drei Jahrhunderte später. Das Gedicht setzt aufgrund seiner Funktionsweise eine positivere Einstellung gegenüber dem Muslimischen, dem Fremden voraus, als man sie in Kreuzfahrerkreisen erwarten konnte.

Man kann dieses Argument variieren. Es gab auch Menschen, die sich im Gegensatz zu den Kreuzfahrern eine andere, nichtmilitärische Begegnung mit der islamischen Welt wünschten. Diese konnte beispielsweise missionarischer Art sein. Um dies besser zu verstehen, muss man kurz in die Vergangenheit schauen. Eines der wichtigsten Merkmale der Kirchenreform im 12. Jahrhundert war die Predigt, die in den Vordergrund gestellt wurde, nicht nur, um die Unwissenden zu unterrichten, sondern vor allem, um die Abweichler zurückzuholen. Die Irrenden, die sich der Häresie hingaben – und es gab inzwischen erschreckend viele davon –, sollten durch Predigten wieder dem Schoß der Kirche zugeführt werden. Am bekanntesten ist die Initiative von Dominikus, dem Prior des kastilischen Bistums von Osma. Er gründete 1220 einen Priesterorden, der noch heute seinen Namen trägt: die Dominikaner. Der Antrieb, für die Abtrünnigen zu predigen, konzentrierte sich schon bald auf die gefährlichsten und unzugänglichsten aller Häretiker: die Muslime. Dominikus' Bischof Diego von Osma plante, das Bistum zu verlassen, um das Evangelium in al-Andalus zu verkünden, und Dominikus wollte ihn begleiten. Ursprünglich war sein Priesterorden gegen den Islam gerichtet. Papst Innozenz III. überzeugte ihn schließlich davon, dass er sich auf näher lebende Häretiker

konzentrieren sollte, etwa die Albigenser oder Katharer in Südfrankreich.

Die Missionstätigkeit war die vordringliche Aufgabe der Kir-
chenmänner des 13. Jahrhunderts. Es war das Zeitalter der Mon-
goleninvasionen. Es war auch die Zeit, in der den verbliebenen Heiden in Nordeuropa das Christentum aufgedrängt wurde: den Preu-
ßen, Esten und Finnen. Es ist daher keine Überraschung, dass man
sich hauptsächlich auf islamische Gebiete konzentrierte. Ein Beispiel ist Ramón de Peñafort, der seine Stellung als Leiter des Do-
minikanerordens 1240 aufgab, um sich ausschließlich der Missio-
nierung von Muslimen zu widmen, obwohl er damals bereits Mitte
50 war.

Er gründete Schulen, in denen die zukünftigen Missionare Arabisch lernen konnten. Sein Biograf und Bewunderer behauptete,
sie hätten 10 000 Muslime zum Christentum bekehrt. Diese Zahl
erscheint zwar ein wenig überhöht, ist aber nicht unmöglich. Größtenteils handelte es sich dabei wohl um „interne" Missionierungen
von Muslimen, die durch die Expansion der Monarchien auf der
Halbinsel während des 13. Jahrhunderts unter christliche Herrschaft
gefallen waren. (Natürlich gab es auch andere Beweggründe für
Konversionen, die nichts mit missionarischer Arbeit zu tun hatten.)
Der Dominikaner Ramón Martí beherrschte Arabisch und Hebräisch
fließend und stellte ein zweisprachiges Wörterbuch zusammen, das
den Studenten in den Akademien zur Verfügung stand. Der jüngs-
te der drei hier erwähnten Dominikaner war der Mallorquiner Ramón Lull (1232–1316). Lull war bemerkenswert vielseitig: Er war
Ritter, Dichter, Romancier, Mystiker, Reisender, Publizist, Autor von
über 200 Büchern und ein ebenso unermüdlicher Streiter für seine
Sache wie Sanudo für seine Mission. Lull errichtete eine Schule auf
Mallorca in der Nähe seines Hauses, wo Missionare auf ihre Arbeit vorbereitet wurden. Auf dem Ökumenischen Konzil von Wien
im Jahr 1311 überredete er die versammelten Kleriker dazu, in den
Universitäten von Paris, Oxford, Bologna und Salamanca Fakul-

täten für Orientalistik einzurichten. Dort sollte die arabische Sprache, aber auch Geschichte, Theologie und Philosophie des Islam unterrichtet werden. Er hatte bereits in zahlreichen Arbeiten bewiesen, was alles möglich gemacht werden konnte. Ein Beispiel dafür war sein *Liber del Gentil e dels Tres Savis* (Buch des Heiden und der drei Weisen) aus dem Jahr 1277, in dem von Gesprächen zwischen einem Heiden und einem Juden, einem Christen und einem Muslim erzählt wird, die ihre jeweilige Religion erklären und verteidigen.

Lull predigte nicht nur, er beteiligte sich auch aktiv. Dreimal reiste er nach Tunesien, um dort das Evangelium zu verkünden. Er bewies Tapferkeit und Mut, denn auf solches Handeln stand nach islamischem Recht die Todesstrafe. Zweimal hatte Lull Glück und kam mit Gefängnisstrafen davon. Beim dritten Mal wurde er zu Tode gesteinigt.

Solche öffentlichen Bekehrungsversuche konnten sich auf Dauer nicht durchsetzen. Also ging man diskreter vor und schickte Kaplane in christliche Gemeinschaften unter islamischer Herrschaft oder gründete religiöse Orden, die sich der Theologie und dem Freikauf von Kriegsgefangenen und anderen Verurteilten widmeten. Wenn ihr Ziel nicht die Bekehrung Ungläubiger war, bemühten sie sich zumindest, christliche Gemeinden im „Ausland" zu erhalten. Anfang des 13. Jahrhunderts entstanden mit den Trinitariern und den Mercedariern zwei Orden, die sowohl Männern als auch Frauen offen standen. Sie leisteten zwei Jahrhunderte lang gute Arbeit. Der berühmteste Gefangene, der dank ihrer Bemühungen aus der Haft entlassen wurde, war Miguel de Cervantes, der in den 70er-Jahren des 16. Jahrhunderts im Gefängnis von Algier saß.

Die Bekehrung der Osmanen zum Christentum stand Anfang des 15. Jahrhunderts außer Frage, denn die Kreuzzüge hatten sich als Fehlschläge erwiesen. Außerdem erfuhr die Kirchenführung, die am stärksten mit Kreuzzügen und Missionierungen assoziiert wurde, gerade zu dieser Zeit ihre bisher schlimmste Demütigung. Abweichler unter den Theologen wie der grimmige Dozent John Wycliffe (gest. 1384) aus Oxford kritisierten den theoretischen Unterbau des Papsttums. Während des abendländischen Schismas zwischen 1378 und 1417 erhoben zwei, zeitweise sogar drei Päpste gleichzeitig Anspruch auf den Papstthron. Die Vertreter des Konziliarismus versuchten, die päpstliche Autorität einzuschränken und dem Generalkonzil der Kirche zu unterstellen.

Die Ankündigungen aus dem 15. Jahrhundert, in denen von Gerechtigkeit und Krieg gegen Nichtchristen die Rede war, zeugte von einer Zögerlichkeit, die frühere Generationen überrascht hätte. Diese Skrupel zeigen sich auch in der sehr langen *consulta* (= rechtliche Erwägungen) zu diesem Thema, die 1436 auf Anfrage des Papstes von zwei angesehenen italienischen Kirchenanwälten ausgearbeitet wurden. Die Sicherheiten der Vergangenheit verschwanden zusehends.

In dieser Situation, mit den Türken direkt vor der Tür der westlichen Christenheit und einem Konstantinopel, das vor dem Untergang stand, waren dringend Initiativen gefragt. Die Lösung schien in dem bevorzugten intellektuellen Rüstzeug der humanistischen Renaissance zu liegen: dem Studieren von Texten und der Rhetorik. Der Leitgedanke lautete: Erkunde den Islam zunächst, und dann diskutiere höflich mit seinen Anhängern (anstatt ihnen zu predigen). Zwei Persönlichkeiten stehen dafür exemplarisch: der Spanier Johannes von Segovia (gest. 1458) und der Deutsche Nikolaus von Kues (gest. 1464). Johannes war Professor für Theologie in Salamanca, er wurde von seiner Universität als Repräsentant zu dem langwierigen Reformkonzil von Basel (1433–1449) geschickt. Er traf dort auf die führenden Intellektuellen seiner Zeit, darunter auch Nikolaus. In seiner Heimat gehörten die von Lull und Gleichgesinnten gegründeten Arabisch-Schulen längst der Vergangenheit an. Johannes wollte das Studium des Islam in Spanien wiederbeleben und fertigte daher eine neue, dreisprachige Übersetzung des Korans in Arabisch, Latein und Kastilisch an. (Er wurde dabei von

Ysa Yabir unterstützt, dessen Ansichten zu interkulturellen, zwischenmenschlichen Beziehungen im vierten Kapitel erwähnt werden.) Johannes hoffte, dass christliche Intellektuelle auf der Basis neuerer Forschungen in der Lage wären, in einen friedlichen Dialog mit ihrem muslimischen Gegenüber einzutreten. Als Umfeld für diese Begegnung plante er eine längere Konferenz unter Akademikern (dem Kirchenkonzil, dem Johannes einen so großen Teil seines Arbeitslebens gewidmet hatte, wahrscheinlich nicht unähnlich).

Sein Ziel war es, eine Atmosphäre zu schaffen, in der die Teilnehmer nach Gemeinsamkeiten von Christentum und Islam suchten, anstatt die Unterschiede hervorzuheben, wie es frühere, parteiische Vertreter wie Ibn Hazm und der ehrwürdige Abt Peter getan hatten. Verbindung statt Trennung war das Motto, und Johannes war davon überzeugt, dass gewillte Gelehrte dazu imstande sein würden. Leider erwies sich Johannes' hochgesinnter Idealismus als fruchtlos. Sein Angebot, mit islamischen Kirchengelehrten in Granada Gespräche zu beginnen, wurde von den „bedrohten" Männern abgelehnt, die sich im 15. Jahrhundert bereits in die letzte Bastion religiöser Intoleranz und Unnachgiebigkeit geflüchtet hatten. Sein dreisprachiger Koran, den er der Universität von Salamanca hinterlassen hatte, ging bei seinen nachlässigen Kollegen verloren und ist nie wieder aufgetaucht. Sein Schüler Hernando de Talavera, der erste Erzbischof des zurückeroberten Granada, versuchte, Johannes' Ideen umzusetzen und sich den Muslimen in seiner Gemeinde zu nähern. Seine Versöhnungspolitik wurde jedoch durch Kardinal Cisneros, Erzbischof von Toledo und Primas von Spanien, zunichte gemacht, der stattdessen auf verstärkten Baptismus drängte (mit katastrophalen Folgen, aber das ist eine andere Geschichte).

Nikolaus von Kues begann seine akademische Laufbahn wie Johannes von Segovia in Köln, wo er sich für die Arbeiten von Ramón Lull begeisterte. Danach schlug er jedoch eine höhere Karriere als Diplomat in Diensten des Papstes und als Repräsentant von Staat und Kirche ein, was ihm immerhin das Tiroler Bistum von Brixen und ein Kardinalsamt einbrachte. Nikolaus besaß bemerkenswerte Fähigkeiten: Er war ein ebenso bewanderter Philosoph wie Theologe, Mathematiker und Historiker. Der mit ihm befreundete Papst Pius II. bat Nikolaus um schriftliche Unterstützung für seine geplanten Kreuzzüge; er muss entsetzt gewesen sein, als er sah, was Nikolaus ihm schrieb.

Die Arbeit mit dem Titel *De Cribratione Alchoran* (Sichtung des Koran) basiert auf der Annahme, dass der Koran, wenn er nur im richtigen Geist studiert (aus dem richtigen Blickwinkel „gesichtet") wird, sich als vereinbar mit den christlichen Lehren des Neuen Testaments erweisen wird. Unter den oberflächlichen Unterschieden und Diskrepanzen läge also eine gemeinsame religiöse Basis. Hier zeigte sich der Geist der Versöhnung, den auch Johannes von Segovia verfolgte. In seinem ehrgeizigsten Werk, *Docta Ignorantia* (Von der gelehrten Unwissenheit), ging er sogar noch einen Schritt weiter. Zentrales Thema dieses Werkes war die Unfähigkeit des menschlichen Intellekts, die höchste Wahrheit zu erfassen. Menschliches Wissen könne stets nur auf Mutmaßungen, Näherungswerten und Hypothesen beruhen. Weisheit bedeute, Unwissenheit anzuerkennen. Die Wahrheit könne nur über den Weg mystischer Intuition erlangt werden. Obwohl Nikolaus es selbst nie so ausdrückte, scheint er doch der Auffassung nahe gekommen zu sein, dass es Wege zu Gott gebe, für die die Konfession keine Rolle spielt. Wenn ein christlicher Mystiker zu Gott finden konnte, warum dann nicht auch ein muslimischer Sufi? Nikolaus von Kues eröffnete Perspektiven, die so unerreichbar und abenteuerlich schienen, dass sie die Aufmerksamkeit einiger der mutigsten Denker der europäischen Renaissance erregten. Sie sollten auch für ein sehr viel späteres Zeitalter interessant werden, das sich ebenfalls mit dem „Dialog der Religionen" befasste.

Die Hoffnungen Gelehrter wie Johannes von Segovia und Nikolaus von Kues, die auf der Pionierarbeit von Lull und seinem Kreis aufbauten, existierten zeitgleich mit den Kreuzzugplänen von Heinrich dem Seefahrer und Ferdinand von Aragón. Im späten Mittelalter gab es vielschichtigere Ansichten über den Islam als im 12. und 13. Jahrhundert. Auf bestimmten Gebieten war der Kontakt unverändert geblieben. Der Bedarf des Westens an östlichen Luxusgütern war weder durch osmanische Invasionen noch durch Piraterie im Mittelmeer gebremst worden, die im 16. Jahrhundert ihren Höhepunkt erreichen sollte.

Also fuhren die Händler weiter zwischen den Ländern hin und her, wobei sie von den Eroberern noch unterstützt wurden. Bereits zwei Tage nach seiner formellen Einsetzung als Herrscher von Konstantinopel erhielten die Genueser von Sultan Mohammed II. das offizielle Privileg, unter seinem Schutz zu stehen, und das Genueserviertel verblieb auf dem Goldenen Horn in Galata, wo es bereits seit dem 12. Jahrhundert gewesen war. Die Handelsdynastien Genuas blieben ebenfalls bestehen. Die Familie Testa zum Beispiel siedelte sich im 12. Jahrhundert in Konstantinopel an und blieb dort bis zum 20. Jahrhundert. Im Vergleich dazu nehmen sich die englischen „Hafendynastien" der Douro wie Neuankömmlinge aus.

Auf anderen Gebieten finden sich aus dem späteren Mittelalter weniger Belege als zuvor. Der Zusammenbruch des einzigartigen mongolischen Imperiums erschwerte das Reisen nach Osten, sodass nach der Zeit Marco Polos deutlich weniger Europäer die Handelsrouten nach Zentralasien und darüber hinaus benutzten. Es ist vielleicht bezeichnend, dass der am weitesten gereiste Abenteurer des 14. Jahrhunderts ein fiktiver war: Sir John Mandeville, dessen imaginäre und sehr unterhaltsame Reisen wohl um 1360 beschrieben wurden (der Autor wurde bis heute nicht mit Sicherheit identifiziert). Für die Seefahrt galten natürlich ganz andere Bedingungen, doch sie hatte das Ziel, den *Dar al-Islam* zu umfahren, und nicht, ihn während der Reisen zu studieren.

Auch der intellektuelle Kontakt nahm außerhalb solcher Kreise wie denen von Johannes von Segovia und Nikolaus von Kues ab.

Die Jahrhunderte, die zwischen der Zeit von Adelard von Bath und der von Arnaldus von Villanova vergingen, bilden das heroische Zeitalter des fortgesetzten Wissenserwerbs. Das soll natürlich nicht heißen, dass die Übersetzung griechischer und arabischer Werke im 14. Jahrhundert plötzlich abbrach, es wurde nur weniger übersetzt.

Von allen möglichen Erklärungen für dieses Phänomen ist die einfachste wohl auch die überzeugendste. Das Christentum im Westen hatte alles, was es von der islamischen Welt benötigte, bekommen. Dank der Arbeit der Übersetzer konnten die Gelehrten des Westens nun selbstständig arbeiten. Exemplarisch hierfür sind die Lebensläufe und Werke zum Beispiel von Arnaldus selbst und von Roger Bacon. Im späten Mittelalter war man in der Lage, selbst wissenschaftliche Fortschritte zu erzielen. Hauptsächlich handelte es sich um Fortschritte auf technischen Gebieten – Kartographie, Navigation, Schiffbau, Uhrmacherei, Waffentechnik und Buchdruck.

Die Gutenberg-Bibel entstand 1455. Im Jahr 1500, weniger als 50 Jahre später, gab es bereits in über 100 westeuropäischen Städten Druckwerkstätten, und die Bibel war schon sechs Millionen Mal gedruckt worden. In manchen Städten wurde eine ganze Reihe von Druckereien betrieben, allein in Venedig waren es etwa 150. Im von den Osmanen regierten Konstantinopel verhielt es sich ganz anders. Während die nichtmuslimische Bevölkerung die technischen Errungenschaften nach und nach zu nutzen begann, war dies den Muslimen verboten. Im Jahr 1515 erließ der Sultan ein Dekret, nach dem jeder Muslim, der die Kunst des Druckens erlernte, mit dem Tod bestraft werden sollte.

Für dieses Verbot gab es plausible, ja vielleicht sogar zwingende Gründe. Die Ulama – islamische Geistliche – erklärten, dass es ein Sakrileg wäre, den Koran zu drucken. Das Wort Gottes dürfe nur von den Schriftgelehrten in der schönsten Kalligraphie, derer sie fähig sind, verbreitet werden (siehe das Koranzitat im ersten Kapitel). Dennoch hat der Kontrast zwischen den Kulturen in dieser Hinsicht auch symbolisches Gewicht. Der *Dar al-Islam* war nicht gewillt, vom Christentum zu lernen, denn an der traditionellen Ablehnung hatte sich nichts geändert.

Aber das ist noch nicht alles, vergleicht man diese Zeit mit der frühen abbasidischen Periode (siehe zweites Kapitel). Damals hatten die muslimischen Gelehrten das Wissen der Griechen und Perser aus der Antike begierig aufgenommen und darauf aufbauend weiter entwickelt und vergrößert. Im 15. und 16. Jahrhundert herrschte dagegen tiefe Abneigung gegen alles Neue beziehungsweise ein Mangel an kultureller Neugier. Diese Abkehr des Intellekts war umso merkwürdiger, als sie zeitgleich mit dem immens wachsenden Selbstbewusstsein einherging, das aus den militärischen Triumphen und der politischen Expansion nicht nur im osmanischen Westen des *Dar al-Islam*, sondern auch (dies darf nicht unerwähnt bleiben, obwohl es in diesem Buch keine Rolle spielt) im indischen Mogulreich resultierte. Warum waren die Gelehrten und Wissenschaftler der osmanischen Zeit verschlossener und weniger wissbegierig als ihre Vorgänger in der frühen abbasidischen Periode? Diese Frage ist bis heute nicht zufriedenstellend beantwortet worden.

Die fortdauernde Unnahbarkeit im Islam des Spätmittelalters zeigt sich exemplarisch in den Lebensläufen zweier Beinahe-Zeitgenossen aus Nordafrika. Ibn Batutah (gest. 1378) war häufiger und weiter gereist als alle seine Zeitgenossen. Von seinem 21. Lebensjahr an war er über 30 Jahre lang fast ununterbrochen unterwegs. Allein viermal führte er den Hadjdj durch, die Pilgerreise nach Mekka. Er besuchte die zentralislamischen Länder Syrien, Mesopotamien und Persien. Er durchquerte Zentralasien und fuhr nach Afghanistan, Indien, China, Java, Sumatra und Ceylon. In südlicher Richtung fuhr er über den Oman bis an die Ostküste Afrikas. Im Norden bereiste er das Schwarze Meer, die Krim und das Wolgabecken. Er kannte Kleinasien, Ägypten, natürlich Nordafrika und al-Andalus im äußersten Westen. Durch die Sahara gelangte er nach Timbuktu und in das Königreich Mali. Nachdem er seine Reisen abgeschlossen hatte, diktierte er auf der Basis seiner Erinnerungen und der zahllosen Notizen, die er sich im Lauf der Jahre gemacht hatte, einen langen Bericht.

Die maßgebliche Übersetzung der Reisen von Ibn Batutah umfasst fünf Bände. Kurz gesagt, man weiß sehr viel über ihn und seine Wanderschaft, und es gibt keinen einzigen Hinweis darauf, dass er jemals auch nur mit dem Gedanken gespielt hätte, das Europa der Christen zu besuchen. Wenn man Batutahs Geschichte liest, bekommt man den Eindruck, dass die Welt nördlich des Mittelmeers endete.

Das zweite Beispiel ist Ibn Chaldun (1332–1406). Im Lauf seiner ereignisreichen Laufbahn als Staatsbeamter und Diplomat lernte er die ganze islamische Welt von Spanien bis nach Syrien kennen. Er war mit so unterschiedlichen Herrschern bekannt wie Peter dem Grausamen von Kastilien und Tamerlan. Als Kadi (Richter in islamischen Ländern) machte er sich unbeliebt, weil er versuchte, die Korruption innerhalb des staatlichen Justizapparates zu beenden. Er erlitt einen schweren Verlust, als seine Familie beim Untergang eines Schiffes starb. Als Historiker bewies Ibn Chaldun Intelligenz und Sachverstand. Sein bedeutendster Beitrag zur Geschichtswissenschaft bestand in der Erkenntnis umgebungsbedingter Beeinflussung. Das Umfeld, so seine fundamentale Einsicht, also die Landschaftsform, das Klima und die Ökologie, beeinflusst die kulturelle Entwicklung der Menschen, die in ihr leben. Die gesellschaftliche Struktur folge danach Strömungen, die konstant genug sind, um sie regelmäßigen Mustern und entsprechenden Folgen zuordnen zu können. Durch genaue Beobachtung kann man Gesetze ableiten, nach denen sich die Entwicklung ähnlicher Gesellschaftsformen richtet, auch wenn sie geografisch oder zeitlich sehr weit voneinander getrennt sind. Das Zusammenspiel zwischen dem trockenen Inland und den fruchtbaren Küstengebieten seiner Heimat Nordafrika, zwischen Wüste und Ackerland, Hirte und Bauer, Nomade und Siedler hatte Ibn Chaldun schon früh fasziniert.

Während seiner Studien dieser Interaktionen entwickelte er eine Theorie, die seiner Meinung nach hinreichende Erklärung bot für die Wechselwirkungen zwischen etwa den prä-islamischen Arabern und den Imperien der Antike, den Beduinen des Maghreb und den Spaniern, die sie wiederholt angriffen, oder den Mongolen und den landwirtschaftlich geprägten Gesellschaften, denen sie begegneten.

Die historischen Erkenntnisse von Ibn Chaldun sind heute noch ebenso aktuell und anregend, wie sie es vor 600 Jahren waren. Er war einer der wenigen großen Geschichtsphilosophen. Im Kontext dieses Buches ist an seinen Beobachtungen aber vor allem bemerkenswert, dass sie sich ausschließlich auf den *Dar al-Islam* beziehen, obwohl sie so vielschichtig strukturiert sind. (Immerhin beschäftigte er sich auch mit den Völkern, die vor dem Aufkommen des Islam auf dessen Gebiet gelebt hatten, zum Beispiel den Persern.) Bezeichnend ist eine Bemerkung aus der *Muqqadimah*, der geschichtsphilosophischen Einführung seiner Weltgeschichte: Er hatte „davon gehört", dass Philosophie und Wissenschaft in Europa eine Blütezeit erlebten, „aber Gott weiß, was in dieser Gegend wirklich vor sich geht"[3]. Wie Ibn Batutah wollte auch Ibn Chaldun nichts über den christlichen Westen wissen.

Gibt es denn überhaupt Beispiele aus dem 15. und 16. Jahrhundert für das Interesse des Islam am Christentum? Nur eines. Es findet sich in dem enzyklopädischen Werk über die Geschichte der Mongolen von Rashid al-Din, das dieser etwa um 1300 verfasste. Da er auch über die Völker berichten wollte, mit denen die Mongolen in Kontakt geraten waren, musste er sich auch den Europäern widmen (das heißt den Franken). Zu diesem Zweck fügte er die Übersetzung einer Chronik des polnischen Dominikanerpaters Martin von Troppau bei, der 1279 gestorben war. Angeblich gelangte dieser Text im Gepäck eines westlichen Abgesandten in Rashids Heimat Persien.

Martin von Troppaus Chronik war kurz und schmucklos, besaß aber dennoch alles, was Rashid benötigte. Er versuchte nicht, sie in seinen Text zu integrieren, und ließ auch nicht den Eindruck aufkommen, dass er ein Interesse daran hatte, was Martin von Troppau zu erzählen versuchte. Für ihn war es wohl nur ein notwendiges literarisches Übel: Man musste etwas über diese Barbaren sagen, also brachte er es so schnell wie möglich hinter sich. Die offensichtliche Oberflächlichkeit von Rashids „Unternehmen Okzident", wie Bernard Lewis es bezeichnet hat[4], bestätigt das mangelnde Interesse islamischer Gelehrter am Westen.

Die Christen interessierten sich dagegen sehr für den *Dar al-Islam*. Dieses Interesse erstreckte sich auf ganz unterschiedliche Bereiche, die sich teilweise überschnitten, teilweise aber auch nichts miteinander zu tun hatten. Da war das Entsetzen, das durch Abfall vom Glauben entstand. Der Franziskanermönch Anselmo Turmeda aus Mallorca konvertierte Anfang des 15. Jahrhunderts zum Islam und verspottete danach das Christentum in einer Schmähschrift, die auf den Werken von Ibn Hazm basierte. Daneben gab es die Faszination, ja sogar vorsichtige Bewunderung, die das mächtige, effiziente Reich der Osmanen auslöste. Ein Beispiel dafür ist Gentile Bellinis gefeiertes Porträt von Sultan Mohammed II.: Es zeigt einen typischen Despoten der Renaissance in türkischer Kleidung. Machiavelli schrieb in seinem Leitfaden über die Grundregeln des Herrschens *Il Principe* (Der Fürst) im Jahr 1513 voller Bewunderung über die Ursprünge der osmanischen Macht. Das Osmanische Reich wurde sogar als legitim und glorreich dargestellt, zum Beispiel in der Lobrede auf Mohammed II., die der Humanist Giovanni Filelfo in den 70er-Jahren des 15. Jahrhunderts schrieb. Er bezeichnete die Türken als Abkömmlinge der Trojaner und als rechtmäßige Erben Kleinasiens, das ihnen von den Griechen gestohlen worden war. Unterstützt wurde Filelfo von einem Kaufmann aus Ancona, der sich Handelsprivilegien von dem Sultan versprach und ihm deshalb schmeicheln wollte.

Dennoch war auch dies ein bemerkenswerter Beleg dafür, wie weit man ging, um die Osmanen in das eigene Weltbild einzuordnen. Die akademische Forschung machte ihre Autorität geltend.

Im 16. Jahrhundert tauchten die ersten europäischen Sammler arabischer Manuskripte auf. Druckereien, die auf arabische Texte spezialisiert waren, wurden eingerichtet. Europäische Universitäten gründeten Fakultäten für Arabistik. Ramón Lull und Johannes von Segovia wären begeistert gewesen! Im 17. Jahrhundert und danach setzte sich diese Entwicklung fort. Schließlich hatte die Faszination Islam auch eine romantische Seite: Die muslimische Welt war bunt, exotisch und unwiderstehlich. Als Ferdinand und Isabella im Jahr 1492 formell Granada in Besitz nahmen, kleideten sie sich für diese Gelegenheit in maurische Kostüme. Man kann dieses Aneignen auch der Kleidung besiegter Feinde schlicht als Ausdruck des Triumphes interpretieren, doch diese Vorliebe setzte auch eine Mode fort, die sogar am Hof von Isabellas verhasstem Halbbruder und Vorgänger Heinrich IV. von Kastilien existiert hatte. Nicht nur maurische Kleidung galt für den spanischen Adel zur Zeit der Eroberung Granadas als schick, sondern auch maurische Kosmetik, Reitkunst, Falknerei, Architektur und Innendekoration – typische Insignien der Aristokratie. Besucher des Osmanischen Reichs flüsterten hinter vorgehaltener Hand von sexuellen Freiheiten, die es im Westen nicht gab, erzählten von Harems und Serails, Sklavenmärkten und Eunuchen, brutalen Bestrafungen in ausschweifender Umgebung, um die lüsternen Phantasien der Europäer anzuregen. Der Orientalismus, wie er in Edward W. Saids gleichnamigem Buch aus dem Jahr 1978 beschrieben und diffamiert wird, begann nicht mit Napoleons Expedition nach Ägypten. Seine Ursprünge liegen drei Jahrhunderte tiefer in der Vergangenheit.

VI
Epilog

Im Jahr 1321, dem Jahr, in dem Sanudo dem Papst sein *Liber Secretorum* übergab, verbreitete sich das Gerücht, dass der Emir von Granada mit dem Mamelucken-Sultan von Ägypten ein Komplott schmiede und mit der Hilfe jüdischer Agenten und Leprakranker die Brunnen Frankreichs und Spaniens vergiften wolle. Eine Generation später, in den Jahren 1347–1351, raffte die Beulenpest etwa ein Drittel der Bevölkerung Europas dahin. Es gab Stimmen, die eine muslimische Verschwörung dafür verantwortlich machten. Verdächtigungen und Beschuldigungen, chemische und biologische Waffen einzusetzen, sind kein Phänomen der Neuzeit.

Im Jahr 1484, als der Krieg gegen Granada gerade begann, versammelten sich die christlichen und muslimischen Schmiede von Segovia, um eine Bruderschaft beziehungsweise Gilde zu gründen, die nach St. Eligius, dem Schutzheiligen aller Metallarbeiter, benannt und der Jungfrau Maria und „allen Heiligen des Himmels" gewidmet wurde.

Diese Geschichten zeigen unterschiedliche Arten der Wahrnehmung und der Realität. Einerseits gilt der Muslim als Feind, der mithilfe eines dunklen Netzwerks versucht, terroristische Anschläge zu verüben, oder als Schuldiger für die furchtbarste Epidemie, die Europa je heimgesucht hatte; andererseits gibt es aber auch einige wenige Belege für harmonisches Zusammenleben und kulturelle Bindungen, die wahrscheinlich durch das Handwerk und berufliche Kontakte entstanden.

Es ist ein glücklicher Zufall, dass das obige Beispiel ausgerechnet aus der Heimatstadt von Johannes von Segovia stammt. Natürlich gab es 1321 oder 1350 auch andere Ansichten und 1484 auch andere Realitäten. Ali von Daroca kam vielleicht ausgezeichnet mit seinem Berufsgenossen aus, doch das schützte ihn nicht vor dem Tod, als man ihn einer unzüchtigen Beziehung mit Prima Garsón verdächtigte. Wohin man auch blickt, überall gab es interkulturelle Kontakte ganz unterschiedlicher Art. Die einzige zulässige Verallgemeinerung, die man aussprechen darf, ist also so offensichtlich wie banal: Die Beziehungen zwischen Christen und Muslimen waren im Mittelalter geprägt von der kontinuierlichen Unfähigkeit, einander zu verstehen. Um diese einfache Aussage zu treffen, braucht man keine größeren Nachforschungen hinsichtlich der Gründe dafür anzustellen.

Die christlich-muslimischen Beziehungen entwickelten sich so, wie sie es taten, weil die Meinungen über den jeweils anderen gar nicht anders sein konnten, als sie es waren. Den Christen begegneten die Muslime zunächst als Eroberer, es ist also sehr verständlich, dass sie die Muslime als martialische Krieger betrachteten. Bedenkt man den intellektuellen und religiösen Hintergrund jener Zeit, dann konnten die Christen den Islam überzeugend nur als abgewandelte Form des Christentums verstehen. Dies sind die beiden essenziellen Merkmale des Islam, wie er sich den Christen darstellte: Mohammed als falscher Prophet, Hochstapler und Häretiker; seine Anhänger als Gewalttäter und Mörder. Es gab noch weitere Merkmale, zum Beispiel angebliche Maßlosigkeit und sexuelle Freizügigkeit, doch die erstgenannten waren immer die gravierendsten. Sie sind schon in den ersten Belegen für eine Begegnung der Christen mit dem Islam aus der *Doctrina Jacobi* um das Jahr 640 (siehe Zitat im ersten Kapitel) präsent. Das resultierende Bild hat sich als geradezu bemerkenswert langlebig erwiesen.

Die Muslime waren von Anfang an durchdrungen von der uneingeschränkten Selbstsicherheit eines Volkes, das davon überzeugt war, Gottes letzte und vollständigste Offenbarung erfahren zu haben. Die Folge dessen war, dass sie auf die Christen mit Verachtung herabsahen. Außerdem verbreitete sich der *Dar al-Islam* (dank Gottes Gnade und Vorsehung) geografisch weiter als das Christentum. Vom Bagdad des Jahres 900 aus gesehen war das Christentum nicht mehr als eine Ansammlung verwirrter Sekten und belangloser Monarchien in einer unattraktiven Umgebung. Die islamische Gemeinschaft war, was Wohlstand, Handwerk, Bildung, Kultur und

Glauben betraf, konkurrenzlos. Hochmut und Verachtung waren insofern vielleicht nachvollziehbar die einzigen Gefühle, die Muslime für Christen aufbringen konnten.

Ansichten wie diese, die sich vor langer Zeit so eingeprägt haben, als wären sie in Stein gemeißelt, prägten die moralische Einstellung der kommenden Jahrhunderte. Menschliche Beziehungen besitzen eine Geologie, die man nicht vernachlässigen darf.

Die meisten unserer zeitgenössischen Historiker sind skeptisch, wenn man das Jahr 1500 als ungefähres Ende des Zeitalters benennt, das als „Mittelalter" bezeichnet wird. Für die Geschichte der Beziehungen zwischen Christen und Muslimen besitzt dieser Zeitraum jedoch durchaus einen hohen Symbolgehalt, denn dies war die Zeit der großen Entdeckungsreisen, als die Europäer begannen, Asien und Indien wiederzuentdecken, und neue Welten in Amerika und Afrika erforschten. Im 17. und 18. Jahrhundert entstand eine europäische Vorherrschaft in der Welt, die auf wirtschaftlicher Dominanz, Regierungssystemen, militärischer Macht und überlegener Kommunikation beruhte. Das Osmanische Reich war im 16. Jahrhundert der mächtigste Staat der Welt, im 18. Jahrhundert existierte es nur noch, weil die europäischen Mächte sich nicht einigen konnten, was sie damit machen wollten.

Der *Dar al-Islam* wurde jetzt vom arroganten Westen bedrängt, ausgebeutet und erniedrigt und erlebte seine schlimmsten Demütigungen im 19. und 20. Jahrhundert. Dadurch wuchs eine Abneigung, die wir noch heute spüren. Die europäische Hegemonie entstand zu Beginn der Neuzeit nicht aus dem Nichts. Sie entwickelte sich über lange Zeit im Verborgenen, in den hintersten Winkeln des westlichen Christentums, während das Mittelalter voranschritt. Um diese bisher nicht ausreichend gewürdigte Tatsache näher zu beleuchten, wäre ein weiteres Buch nötig. In diesem Kontext genügt jedoch die Beobachtung, dass die herausragenden wirtschaftlichen, institutionellen und wissenschaftlichen Fortschritte der Zeit zwischen dem 10. und 13. Jahrhundert die Basis für spätere Entwicklungen bildeten. Während dieser entscheidenden Phase demonstrierte das Christentum seine Fähigkeit, sich zu wandeln und zu entfalten, auf eine Art und Weise, die alle späteren Veränderungen unterstützte und vereinfachte. Eine Facette dieser Entwicklung beschreibt das vierte Kapitel. Die geistigen Fortschritte des 12. und 13. Jahrhunderts verdankt das Christentum aber in hohem Maße dem, was der Islam zu bieten hatte. Der Weg von Adelard von Bath zu Isaac Newton ist zwar lang, aber eindeutig nachzuvollziehen.

Da die Muslime auf die Christen herabsahen, verloren sie leider den Blick für das Wesentliche. Hätten weit gereiste Männer wie Ibn Batutah die christliche Welt besucht, dann hätten sie vielleicht erkannt, was dort vor sich ging; doch sie taten es nicht. Der Aufstieg des Westens traf den Islam völlig unvorbereitet.

Natürlich zeigte auch der Islam, dass er die Fähigkeit besaß, sich zu verändern und zu entwickeln. Aus den schlichten Eiferern, die die Botschaft des Propheten nach Rom und Persien brachten, wurden die Mandarine von Bagdad, die Kaufleute von Kairo und Aleppo und die Gelehrten, die sich neue Welten des Wissens erschlossen. All dies geschah unglaublich schnell, innerhalb weniger Generationen. Eine kulturelle Identität wurde durch eine andere ersetzt. Die sittlichen Werte neu zu ordnen und so die eigene Gesellschaft quasi neu zu erfinden, war eine außergewöhnliche Leistung, die eine kulturelle Flexibilität und Anpassungsfähigkeit erforderte, die in späteren Zeiten scheinbar verloren ging. Wie konnte das passieren? Diese Frage veranlasst den Autor, wieder zu den ersten Absätzen des ersten Kapitels zurückzukehren, aber Sie als Leser dieses Buches werden es hier wahrscheinlich schließen wollen.

Anhang

Zeittafel

Ca. 570	Geburt des Propheten Mohammed.
622	Hedschra (Wanderung) Mohammeds vom Mekka nach Medina: Beginn der islamischen Zeitrechnung.
632	Tod Mohammeds.
634–643	Die Muslime erobern Syrien, Ägypten und Libyen (635 Damaskus, 637 Ktesiphon, 638 Jerusalem, 642 Alexandria, 643 Tripolis).
661	Gründung des Omaijaden-Kalifats in Damaskus.
674–678	Erste Belagerung von Konstantinopel.
698	Die Muslime erobern Karthago.
Ca. 710	Bau der Omaijaden-Moschee in Damaskus.
711–718	Die Muslime erobern Spanien.
730	Der Bildersturm im Oströmischen Reich beginnt.
Ca. 750	Johannes von Damaskus stirbt.
756	Ein Prinz der Omaijaden wird unabhängiger Herrscher von Córdoba.
762	Gründung Bagdads.
768–814	Karl der Große.
778	Schlacht von Roncesvalles.
786–809	Harun ar-Rashid.
827	Die Muslime marschieren auf Sizilien ein.
846	Die Muslime plündern Rom.
851–859	„Märtyrerbewegung" in Córdoba.
867	al-Kindi stirbt.
873	Hunayn ibn Ishaq stirbt.
910	Gründung des Fatimiden-Kalifats in Nord-Afrika.
922	Ibn Fadlan besucht die Rus.
953–955	Johannes von Gorze fährt nach Córdoba.
Ca. 965	Gerbert von Aurillac studiert in Spanien.

969	Gründung Kairos als Hauptstadt des Fatimiden-Kalifats. Byzanz erobert Antiochia.
972	Die Sarazenen-Piraten werden aus La Garde-Freinet vertrieben.
Ca. 980	Die Seldschuken beginnen, in die ostislamischen Gebiete einzudringen.
Ca. 990	Erste Hinweise auf italienische Kaufleute in Ägypten.
997	Die Muslime erobern Santiago de Compostela.
1031	Zerfall des Kalifats von Córdoba in die Taifa-Staaten.
1037	Ibn Sina (=Avicenna) stirbt.
1048	al-Biruni stirbt.
1055	Die Seldschuken erobern Bagdad.
1060	Normannische Invasion Siziliens.
1064	Ibn Hazm stirbt.
1071	Die Seldschuken besiegen die byzantinische Armee in der Schlacht von Manzikert.
1082	Venedig erhält Handelsprivilegien in Konstantinopel.
1087	Pisa plündert das tunesische al-Mahdiyya.
1088–1091	Die Almoraviden übernehmen al-Andalus.
1090	Abd Allah von Granada geht ins marokkanische Exil.
1094	Rodrigo Díaz, El Cid, erobert Valencia.
1095	Die Predigten von Papst Urban II. führen zum Ersten Kreuzzug (1096–1099).
1099	Die Kreuzritter erobern Jerusalem.
Ca. 1100	Die Werke *Digenis Akritas* und das *Rolandslied* entstehen.
1118	Aragón erobert Saragossa zurück.
1142	Der ehrwürdige Abt Peter lässt den Koran in die lateinische Sprache übertragen.
1144	Zengi erobert den Kreuzritterstaat Edessa für die Muslime zurück.
1147	Die Portugiesen erobern Lissabon zurück.
1147–1149	Zweiter Kreuzzug.

Ca. 1150	Adelard von Bath stirbt.
1174–1193	Saladin.
1177	Papst Alexander II. schickt einen Abgesandten zu Priester Johannes.
1187	Schlacht von Hattin: Saladin erobert Jerusalem zurück. Gerhard von Cremona stirbt.
1188	Usamah ibn Mundqidh stirbt.
1189–1192	Dritter Kreuzzug.
1198	Ibn Rushd (=Averroes) stirbt.
1202–1204	Vierter Kreuzzug.
1204	Rabbi Moses Maimonides stirbt. Eroberung von Konstantinopel durch westliche Kreuzritterheere.
1204–1261	„Lateinisches" Reich von Konstantinopel.
1212	Kinderkreuzzug. Alfons von Kastilien schlägt muslimische Einheiten in der Schlacht von Las Navas de Tolosa.
1217–1221	Fünfter Kreuzzug.
1227	Dschingis Khan stirbt.
1236	Kastilien erobert Córdoba zurück.
1238	Aragón erobert Valencia zurück.
1248	Kastilien erobert Sevilla.
1248–1254	Sechster Kreuzzug unter Ludwig IX.
1253–1255	Wilhelm von Rubruck fährt zu den Mongolen.
1258	Die Mongolen erobern Bagdad.
1260	Die Mamelucken besiegen die Mongolen bei der Schlacht von Ayn Jalut.
1271–1295	Marco Polo geht auf Reisen.
1291	Akko, die letzte Außenbastion der Kreuzfahrerstaaten, fällt an die Mamelucken von Ägypten.
1292	Roger Bacon stirbt.
1311	Arnaldus von Villanova stirbt.
1315	Ramón Lull stirbt.
1321	Dante stirbt.

1326	Osman, der Gründer des Osmanischen Reiches, stirbt.
Ca. 1330	Pegolotti schreibt sein Handbuch für Händler.
1340	Die Meriniden marschieren in Spanien ein und werden in der Schlacht am Rio Salado geschlagen.
1343	Marino Sanudo stirbt.
1344	Kreuzritter erobern Izmir, Kastilien nimmt Algeciras ein.
1347–1351	Die Pest grassiert.
1354	Die Osmanen erobern Gallipolli.
1365	Peter I. von Zypern plündert Alexandria.
1378	Ibn Batutah stirbt.
1389	Die Osmanen besiegen ein christliches Heer in der Schlacht von Kosovo.
1396	Kreuzzug gegen Nikopolis.
1402	Tamerlan zieht gegen Kleinasien.
1406	Ibn Khalun stirbt.
1415	Portugiesischer Feldzug gegen Ceuta.
1453	Die Osmanen erobern Konstantinopel.
1458	Johannes von Segovia stirbt.
1464	Nikolaus von Kues stirbt.
1492	Kastilien erobert Granada zurück.
1517	Die Osmanen annektieren Ägypten.
1520–1566	Süleiman der Prächtige.
1521	Die Osmanen erobern Belgrad.
1526	Die Osmanen besiegen die Ungarn in der Schlacht von Mohács.
1529	Erste Belagerung Wiens.

Weiterführende Literatur

Diese Liste erhebt keinen Anspruch auf Vollständigkeit. Ich wollte einfach einige Bücher nennen, die ich förderlich und inspirierend fand und die dem interessierten Leser sicher von Nutzen sein könnten. Ich habe mich absichtlich auf nur einige Bücher pro Kapitel beschränkt, da ich davon überzeugt bin, dass der Wert einer Leseliste mit zunehmender Länge abnimmt.

Allgemeine Werke

Von den zahlreichen interessanten Werken, die den Islam vorstellen, scheint mir *Die Araber: Aufstieg und Niedergang eines Weltreichs* von Bernard Lewis (Wien 1995) das beste zu sein. Von den ausführlicheren Arbeiten ist vor allem *A History of Islamic Societies* von Ira M. Lapidus (Cambridge 2002) hervorzuheben. In *The Legacy of Islam*, hrsg. von Joseph Schacht und J. Bosworth (Oxford 1974) finden sich zahlreiche Aufsätze über verschiedene Facetten der islamischen Kultur und Geschichte. Der kulturelle Austausch, der auch Thema dieses Buches ist, wird auch in dem ebenso kurzen wie hervorragenden Werk *Das Islambild des Mittelalters* von R. W. Southern (Stuttgart 1981) sowie in *The Arabs in Medieval Europe* von Norman Daniel (London 1979) behandelt.

Da sich ein Großteil der von mir beschriebenen Ereignisse im Mittelmeerraum abspielt, möchte ich an dieser Stelle auch auf *The Corrupting Sea: A Study of Mediterranean History* von Peregrine Horden und Nicholas Purcell (Oxford 2000) verweisen, dem ersten Band einer umfangreichen Studie über den Mittelmeerraum in der Antike und im Mittelalter.

Nachschlagewerke

Die drei wichtigsten Nachschlagewerke sind 1. die *Encyclopedia of Islam,* deren Neuausgabe (Leiden 1960) inzwischen beim Buchstaben „U" angekommen und also fast vollständig ist; 2. der *Dictionary of the Middle Ages* in 13 Bänden, hrsg. von Joseph Strayer (New York 1982–1989); 3. der *Oxford Dictionary of Byzantium,* hrsg. von A. Kazhdan u. a. (Oxford 1991).

Die historische Geografie des *Dar al-Islam* ist am besten in *An Historical Atlas of Islam* von William C. Brice (Leiden 2002) dargestellt.

1. Ismaels Kinder

Es existieren zahllose Werke über den Propheten Mohammed. Ich möchte hier nur *Muhammad* von Michael Cook (Oxford 1983) hervorheben, da es sich dem Thema sehr geschickt und einfühlsam nähert und außerdem relativ leicht zu lesen ist. Alle Werke über die Frühgeschichte des Islam behandeln die Ausbreitung der Religion, darunter auch Francesco Gabrielis *Mohammed und die arabische Welt* (München 1968). Wie sich die Reaktionen der Christen auf den Islam entwickelten, steht in *Islam and the West: The making of an image* von Norman Daniel (Edinburgh 1993). Die beste Untersuchung zum Islam in Spanien stammt von Roger Collins: *Early Medieval Spain: Unity in diversity 400–1000* (London 2002), daran schließt sich *The Arab Conquest of Spain 710–797* (Oxford 2000) an.

2. Ein Elefant für Karl den Großen

Zwei Bücher von Hugh Kennedy erläutern die chronologischen Abläufe: *The Prophet and the Age of the Caliphates: The Islamic*

Near East from the sixth to the eleventh century (London 1986) und *Muslim spain and Portugal: A political history of al-Andalus* (London 1996). Mark Whittow behandelt in *The Making of Orthodox Byzantium 600–1025* (London 1996) vor allem das oströmische Reich. *Mohammed, Charlemagne and the Origins Of europe: Archaeology and the Pirenne thesis* (Londond 1983) von Richard Hodges und David Whitehouse beleuchtet die wirtschaftlichen Auswirkungen des Expansion des Islam (sollte jedoch überarbeitet werden). Die Geschichte der beiden Kulturen auf der Iberischen Halbinsel erzählen Richard Fletcher, *Moorish Spain* (London 1992) und Thomas F. Glick, *Islamic and Christian Spain in the Early Middle Ages: comparative perspectives on social and cultural formation* (Princeton 1979).

3. Grenzen überwinden

Die beste Einführung stammt von Michael Angold und heißt *The Byzantine Empire 1025–1204* (London 1984). Zu den Kreuzzügen gibt es eine Fülle von Literatur, als Ausgangspunkt eignet sich die *Illustrierte Geschichte der Kreuzzüge* von Jonathan Riley-Smith (Frankfurt a. M. 1999) mit zahlreichen Abbildungen. Einen neuen Blickwinkel eröffnet Carole Hillenbrand in *The Crusades: Islamic Perspectives* (Edinburgh 1999). Richard Fletchers *El Cid: Leben und Legende des spanischen Nationalhelden* (Berlin 1999) ordnet den Helden der spanischen *Reconquista* in den historischen Kontext ein. David Morgans *The Mongols* (Malden 1998) ist ein erstklassiges Buch. Exotische Reisen und ihre Beschreibungen finden sich in *The Medieval Expansion of Europe* von J. R. S. Phillips (Oxford 1998).

4. Handel, Koexistenz und kultureller Austausch

Das beste allgemeine Werk stammt von Robert Bartlett: *Die Geburt Europas aus dem Geist der Gewalt: Eroberung, Kolonisierung und kultureller Wandel von 950 bis 1350* (München 1996). Die Beziehungen zwischen Juden, Christen und Arabern in Aragonien zeichnet David Nirenberg in *Communities of violence: Persecution of minorities in the Middle Ages* (Princeton 1996) nach. Charles Burnett konzentriert sich in *The Introduction of Arabic Learning into England* (London 1997) auf einen Teilaspekt. *Medicine before the Plague: Practitioners and their patients in the Crown of Aragon 1285–1345* von Michael R. McVaugh ist ebenso großartig wie *The Measure of Multitude: Population in medieval thought* (Oxford 2000) von Peter Biller.

5. Sichtung des Koran

James Muldoon beschreibt in *Popes, Lawyers and Infidels: The Church and the non-Christian world 1250–1550* (Philadelphia 1979) die Haltung der herrschenden Klasse. Norman Housley beschäftigt sich in *The Later Crusades 1274–1580* (Oxford 1992) u. a. mit dem Kreuzzug auf Nikopolis im Jahr 1396. Zu den Ursprüngen des Osmanischen Reiches findet man kaum etwas besseres als *Der Islam: Vom Ursprung bis zu den Anfängen des Osmanischen Reiches* (Augsburg 1998) von Claude Cahen und *The Ottoman Empire: The classical Age 1300–1600* (London 1978). *Spain in the Middle Ages: From frontier to empire 1000–1500* (London 1977) von Angus MacKay ist ebenso kurz wie brillant. Ausführlicher ist das Standardwerk zu Spanien und Portugal im Mittelalter *The Spanish Kingdoms 1250–1516* (Oxford 2000) von J. N. Hillengarth. Peter Russells *Prince Henry „the Navigator": A life* (London 2000) ist ausnehmend bilderstürmerisch angelegt. Einen allgemeineren Zugang bildet das lebhafte und lehrreiche Werk *Before Columbus: Exploration and colonisation from the Mediterranean to the Atlantic 1229–1492* (London 1987).

Anmerkungen

1. Ismaels Kinder

1 Ammianus Marcellinus, *Res Gestae*, XIV, 4, übers. von Otto Veh, München 1974.

2 Isidor von Sevilla, *Etymologien*, IX, 57, übers. von Dagmar Linhart, Dettelbach 1997.

3 Koran 80, 11–15, zit. nach der Leipziger Ausgabe des Verlags Julius Kittel und Nachfolger, unveränderter Nachdruck, Augsburg 2004.

4 Ebd., 34, 3.

5 P. Crone und M. Cook, *Hagarism: The Making of the Islamic World*, Cambridge 1977, S. 3–4.

6 Alle Verweise von Beda Venerabilis auf die Sarazenen zit. nach den Anmerkungen zu *Venerabilis Bedae Opera Historica,* hrsg. von C. Plummer, Oxford 1896, Bd. II, S. 339.

7 Ebd.

8 Ebd.

9 Koran 29, 45.

10 Johannes Butzbach, *Odeporicon*, Weinheim 1991, S. 165–167.

11 Johannes von Damaskus, *Dialogus*, zit. nach M. S. Seale, *Qu'ran and bible: Studies in interpretation and dialogue*, London 1978, S. 70.

12 Johannes von Damaskus, *Writings*, Abschnitt *On Heresies*, übers. von Frederic H. Chase, New York 1958, S. 153.

13 Zit. ebd., S. XIV.

14 *Chronicle of 754*, Kap. 78, übers. von Kenneth B. Wolf in *Conquerors and Chroniclers of Medieval Spain*, Liverpool 1990, S. 141.

15 Ebd., Kap. 70, S. 138.

16 *Ystoria de Mahomet*, übers. von Kenneth B. Wolf in „The Earliest Latin Lives of Muhammad", in: *Conversion and Continuity: Indigenous Christian Communities in Islamic Lands, eighth to eighteenth centuries*, hrsg. von M. Gervers und R. J. Bikhazi, Toronto 1990, S. 97–99.

17 Ebd.

2. Ein Elefant für Karl den Großen

1 Zit. nach W. Z. Haddad, „Continuity and Change in Religious Adherence: Ninth-century Baghdad", in: *Conversion and Continuity: Indigenous Christian communities in Islamic Lands, eigth to eighteenth centuries*, hrsg. von M. Gerverrs und R. J. Bikhazi, Toronto 1990, S. 49.

2 Zit. in Sidney H. Griffith, „The First *Summa Theologiae* in Arabic: Christian Kalam in ninth-century Palestine", in: *Conversion and Continuity*, hrsg. von Gervers und Bikhazi, S. 19.

3 *Vita Iohannis abbatis Gorziensis*, Kapitel 122–123, übers. von Colin Smith, in: *Christians and Moors in Spain*, Warminster 1988, Bd. I, S. 65–67.

4 Ebd.

5 Zit. von D. J. Sahas in „The Art and Non-Art of Byzantine Polemics: Patterns of refutation in Byzantine anti-Islamic literature", in: *Conversion and Continuity*, hrsg. von Gervers und Bikhazi, S. 65.

6 Arculf, *De Locis Sanctis*, II., 28, übers. von Denis Meehan, Dublin 1958, S. 99.

7 Constantine Porphyrogenitus, *De Administrando Imperio*, Kapitel 13, hrsg. von Gy. Moravcsik, englische Übers. von R. J. H. Jenkins, Budapest 1949, S. 69.

8 Mark Whittow, *The Making of Orthodox Byzantium 600–1025*, London 1996, S. 124.

9 *The Letters of Gerbert*, Nr. 25, übers. von Harriet P. Lattin, New York 1961.

10 Thomas N. Bisson, *Fiscal Acounts of Catalonia under the Early Count-Kings (1151–1213)*, Berkeley 1984, Bd. II, S. 290, 294.

11 Henri Prienne, *Mohammed and Charlemagne*, London 1939, S. 234.

12 Zit. nach Gwyn Jones, *A History of the Vikings*, Oxford 1984, S. 165.

13 Asser, *De Rebus Gestis Aelfredi*, hrsg. von W. H. Stevenson, Oxford 1904, Kapitel 81, S. 68.

14 Zit. nach Robert S. Lopez und Irving W. Raymond, *Medieval Trade in the Mediterranean World*, New York 1955, S. 54.

15 Ebd., S. 58.

16 Ebd.

3. Grenzen überwinden

1 Konstantin Porphyrogenitus, *De Administrando Imperio*, Kapitel 21, hrsg. von Gy. Moravcsik, engl. Übers. von R. J. H. Jenkins, Budapest 1949, S. 92.

2 *Digenis Akritas*, übers. von John Mavrogordato, Oxford 1956, Buch V.

3 Ebd.

4 Ebd.

5 Ebd.

6 Ebd.

7 Ebd., S. 215.

8 *The Tibyan: Memoirs of Abd Allah ibn Buluggin, last Zirid Amir of Granada*, übers. von Amin T. Tibi, Leiden 1986, S. 130–131.

9 *Das altfranzösische Rolandslied,* dt./franz., Nachwort von Egbert Kaiser, übers. u. komm. von Wolf Steinsieck, Stuttgart 1999.

10 Karen Armstrong, *Islam: A short history,* London 2000, S. 81.

11 *The Crusade of Richard Lionheart,* von Ambroise, übers. von Merton J. Hubert und John L. La Monte, New York 1941, Zeilen 10 267–10 279.

12 Jean de Joinville, *Life of St Louis,* übers. von M. R. B. Shaw, Harmondsworth 1963, S. 262.

13 *Gesta Francorum et aliorum Hierosolimitanorum,* übers. von Rosalind Hill, Edinburgh 1962, S. 21.

14 Joinville, *Life of St Louis,* S. 245.

15 Ebd., S. 305.

16 Zit. nach Francesco Gabrieli, *Arab Historians of the Crusades,* London 1969, S. 73.

17 *The Mission of Friar William of Rubruck,* übers. von Peter Jackson und David Morgan, London 1990, S. 72–73.

18 Ebd., S. 158.

19 Joinville, *Life of St Louis,* S. 315.

4. Handel, Koexistenz und kultureller Austausch

1 Zit. nach Felipe Fernández-Armesto, *Before Columbus: Exploration and Colonisation from the Mediterranean to the Atlantic 1229–1492,* London 1987, S. 152.

2 Zit. nach L. P. Harvey, *Islamic Spain 1250–1500,* Chicago 1990, S. 56.

3 Sancho IV, *Castigos e Documentos,* Kapitel 21, zit. nach J. N. Hillgarth, *The Spanish Kingdoms 1250–1516,* Oxford 1976, Bd. I, S. 213.

4 Ysa Yabir, Breviario, zit. nach David Nirenberg, *Communities of Violence: Persecution of minorities in the Middle Ages,* Princeton 1996, S. 136.

5 Untertitel von Louise Cochrane, *Adelard of Bath*, London 1994.

6 Zit. nach P. P. A. Biller, *The Measure of Multitude: Population in medieval thought*, Oxford 2000, S. 255.

7 Zit. nach M. McVaugh, „Arnald of Villanova", *Dictionary of Scientific Biography*, New York 1970, Bd. I, S. 290.

8 Zit. nach Olivia R. Constable, *Medieval Iberia: Readings from Christian, Muslim and Jewish Sources*, übers. von Thomas E. Burman, Philadelphia 1997, S. 83.

9 Zit. nach M. T. d'Alverny in „Deux traductions latines du Coran au Moyen Age", *Archives d'Histoire doctrinale et littéraire du moyen âge 16*, 1948, S. 101, Anmerkung 4.

5. Sichtung des Koran

1 Zit. nach Philip Mansel, *Constantinople: City of the world's desire 1453–1924*, London 1995, S. 25.

2 Zit. nach Peter Russell, *Prince Henry „the Navigator": A Life*, London 2000, S. 15.

3 Zit. nach Bernard Lewis, „The Muslim discovery of Europe", in: *Islam in history*, London 1973, S. 99.

4 Ebd.

Register